隱喩詩人諷刺詩集 第1集

재수 없는 놈 뒤로 자빠져도 코가 깨진다더니

은유시인 김영찬 풍자시집

펼치는 글

인간人間은 불완전체不完全體다?

미쳐 돌아가는 세상입니다. 멀쩡한 사람이 오히려 미친 사람 취급을 당합니다. 다 같이 미쳐가는 중입니다.
거짓말하는 횟수가 밥먹는 횟수보다 더 많고, 열심히 일해서 잘 살아보겠다는 생각보다는 남을 사기쳐서 등골을 빼먹으며 호의호식하겠다는 심뽀가 판을 칩니다.
"스승의 그림자는 밟아서도 아니 된다"는 옛 가르침은 무색하게도 애비라는 작자가 자식을 혼냈다는 이유로 선생을 야구방망이로 개패듯 때려 잡는 세상이 되었습니다.
벽돌가루 빻아 섞은 고춧가루나 횟가루를 섞어 만든 두부는 옛말입니다. 구두 만들고 남은 기렛바시(일제 잔재어殘滓語지만 아직까지는 이보다 더 적합한 단어도 없어 보입니다)를 화학 약품처리하여 말랑말랑하게 만든 다음 이를 곰탕에 섞어파는 음식점 사장도 있었고, 특별히 싼 값에 매료되어 가짜 참기름이며 가짜 게맛살이 불티나게 팔린 적도 있었습니다. 중국산 조기를 국산으로, 중국산 배추까지 국산으로 둔갑시켜 곱절의 이익을 남기고 파는 정도는 마냥 애교스럽습니다.
"돈이면 처녀불알도 살 수 있다"란 옛말이 있듯 돈을 위해서라면 그 어떤 짓도 마다 않을 인간들이 우리 주위엔 그리 많고 돈에 대한 집착도 거의 병적 수준입니다.
누군가가 "돈을 위해서라면 인간 가운데 99% 이상이 영혼마저 팔 것이다"라 주장한다면 당신은 이런 주장이 과장됐다며 분노하시겠습니까?

우리 주위엔 공갈협박을 통해 빼앗은 남의 돈으로, 남의 사업과 가정을 파탄으로 몰아넣은 사기친 돈으로, 눈 먼 돈이라고 국민 혈세를 제멋대로 빼돌린 돈으로, 사람이나 동물이나 먹어서는 안 될 부패하고 독성마저 강한 식재료로 음식을 만들어 판 돈으로 등등 그런 부도덕한 돈으로 호의호식하는 사람들이 그리 많습니다.

그런 짓이 아주 나쁜 짓임을 뻔히 알면서도 부끄럽게 여기지도 않을뿐더러 오히려 그런 짓거리로 큰 돈을 벌었노라며 자랑으로 내세우기까지 합니다. 그렇게 번 돈으로 사랑스런 자식들 학원비도 내주고 용돈도 주고 맛있는 음식을 사먹이고, 또 식구들 대동하여 해외여행을 즐기기까지 합니다.

그런 인간들일수록 "비록 돈은 추악하게 벌었을지언정 정승같이 써야한다"는 제법 고상한 생각을 하는 걸까요?

"인간은 불완전체인지라 그런 잘못 정도는 큰 허물이라 할 수 없다"는 공자같은 분들도 있긴 있습니다만….

아니, 그같은 너그러운 공감대가 우리 사회 전반에 깔려있는고로 국민들의 귀감이 되어야 할 나라의 어르신들, 즉 대통령을 비롯 지도층들이 하나같이 거짓말이나 주절대고 국민들과의 약속을 초개처럼 저버리니 일개 공무원들까지 국민을 개, 돼지쯤으로 취급하는 세상이 되었더란 얘깁니다.

이 풍자시집은 나 은유시인이 인간이 아닌 개, 돼지로서 써 온 시詩이오니 이를 감안하고 읽어주시길 바랍니다.

2019년 11월

은유시인 **김 영 찬**

차례

외눈박이 나라에 제1부

[諷刺詩-19771002] 자만自慢 012
[諷刺詩-20020109] 나는 누구를 뭐라 일컫는다 014
[諷刺詩-20020206] 대 예언豫言 016
[諷刺詩-20020206] 음모陰謀 020
[諷刺詩-20020206] 인간피라미드 022
[諷刺詩-20020208] 구멍 026
[諷刺詩-20020208] 대단한 사람 028
[諷刺詩-20020208] 외눈박이 나라에 030
[諷刺詩-20020209] 돈 032
[諷刺詩-20020210] 내 주머니 돈 백 원이 034
[諷刺詩-20020210] 복부인福婦人 036
[諷刺詩-20020210] 선민주의選民主義 039
[諷刺詩-20020210] 죽어 저승에 가서라도 043
[諷刺詩-20020211] 왜 그대들은 그런 영화를 좋아하는가 045
[諷刺詩-20021021] 잠충潛蟲 047
[諷刺詩-20021102] 돈 돼지 049
[諷刺詩-20021106] 부산행 열차 안에서 051
[諷刺詩-20021118] 인신매매단人身賣買團 052
[諷刺詩-20021120] 밴댕이 소갈머리 056
[諷刺詩-20021124] 원숭이 세 마리 058
[諷刺詩-20021206] 나무아미타아불 관세음보살 060
[諷刺詩-20021207] 니기미 062
[諷刺詩-20021207] 지금 캬바레에서 063
[諷刺詩-20021211] 한민족아 궐기하라 065
[諷刺詩-20021217] 뽀뿌라마치 068

재수 없는 놈, 뒤로 자빠져도 코가 깨진다더니 제2부

[諷刺詩-20021217] 완월동玩月洞 072
[諷刺詩-20021221] 지하철에서 075
[諷刺詩-20021223] 제발, 퇴임후 존경받는 대통령이 되옵소서 076
[諷刺詩-20021227] 은근히 부담을 주는 그 어떤 사람 078
[諷刺詩-20021228] 걸레가 되기 위해 태어난 걸레 080
[諷刺詩-20021228] 피박인생 082
[諷刺詩-20021230] 우물 안 개구리 084
[諷刺詩-20030320] 기네스북 오총사 085
[諷刺詩-20031016] 대화창을 들여다 보며… 087
[諷刺詩-20040810] 2천5백 원에 부아가 치미는 사연 090
[諷刺詩-20040811] 재수 없는 놈, 뒤로 자빠져도 코가 깨진다더니 092
[諷刺詩-20040812] 니나노 집 풍경 095
[諷刺詩-20041106] 공존共存 097
[諷刺詩-20041106] 슬프고 괴롭고 노여움이 북받칠 때엔 098
[諷刺詩-20041107] 욕심비우기 099
[諷刺詩-20041108] 어느 사기꾼 100
[諷刺詩-20041109] 우리, 죽은 듯이 있자 102
[諷刺詩-20041111] 내께 내 것이고, 네께 내 것이고 103
[諷刺詩-20041111] 있잖아요 104
[諷刺詩-20041112] 돈 버는 건 참으로 쉽다 105
[諷刺詩-20041112] 오체불만족五體不滿足 106
[諷刺詩-20041116] 그와 내가 생각이 다를 수밖에 없는 것에 대하여 108
[諷刺詩-20041116] 바퀴벌레 109
[諷刺詩-20041116] 쓴 소리와 악다구니 110
[諷刺詩-20041116] 아르바이트 급구 111

차 례

숭례문아 잘 타 버렸다 제3부

[諷刺詩-20041117] 행렬行列 114
[諷刺詩-20041118] 사형선고 116
[諷刺詩-20041118] 저승사자 117
[諷刺詩-20041119] 어느 광인狂人의 독백 118
[諷刺詩-20041119] 하나님, 우리 하나님 119
[諷刺詩-20041120] 고해성사 120
[諷刺詩-20041121] 훈계訓戒 122
[諷刺詩-20041121] 훈수꾼 123
[諷刺詩-20050518] 어느 술 취한 자의 술주정 124
[諷刺詩-20060320] 뛴다 뛴다 126
[諷刺詩-20070724] 狂馬－Ⅰ 127
[諷刺詩-20070724] 狂馬－Ⅱ 130
[諷刺詩-20070724] 狂馬－Ⅲ 132
[諷刺詩-20071015] 누가 석궁을 쏘았는가 134
[諷刺詩-20080211] 숭례문아 잘 타 버렸다 135
[諷刺詩-20090526] 개미人 137
[諷刺詩-20090829] 부자가 되는 방법 138
[諷刺詩-20090829] 수박장수 139
[諷刺詩-20091012] 따이아몬드 140
[諷刺詩-20091014] 돼지털문학상 141
[諷刺詩-20091019] 개망나니 142
[諷刺詩-20091030] 구청장출마 예행연습 143
[諷刺詩-20091103] 돈 자랑하고파 145
[諷刺詩-20091107] 아주 심각한 것 146
[諷刺詩-20091110] 우리 한국인은 147

똥물에 튀겨죽일 놈 제4부

[諷刺詩-20091111] 오, 지극히 겸손한 그대여 150
[諷刺詩-20091125] 세상의 돈이 모두 사라진다면 151
[諷刺詩-20091126] 세종특별시 152
[諷刺詩-20091128] 친일인명사전親日人名辭典 153
[諷刺詩-20091204] 거짓말쟁이나라 154
[諷刺詩-20091214] 욕심쟁이 155
[諷刺詩-20091221] 도둑놈 세상 156
[諷刺詩-20091224] 자선냄비 157
[諷刺詩-20091225] 지극히 멍청한 대답 158
[諷刺詩-20091227] 비루鄙陋한 인생 159
[諷刺詩-20100105] 지독한 새끼들 160
[諷刺詩-20100109] 잘 먹고 잘 사는 놈 161
[諷刺詩-20100117] 똥물에 튀겨죽일 놈 162
[諷刺詩-20100119] 공자孔子와의 선문선답禪問禪答 163
[諷刺詩-20100119] 내 안의 고함 164
[諷刺詩-20100120] 나라의 주인은 따로 있다네 166
[諷刺詩-20100126] 모난 돌이 정 맞는다 167
[諷刺詩-20100821] 개 새끼 다섯 마리와 인간 새끼 다섯 마리의 이야기 168
[諷刺詩-20100913] 베스트셀러 작가 170
[諷刺詩-20160723] 우리들은 레밍입니다 172
[諷刺詩-20180517] 성공한 사람 173
[諷刺詩-20180522] 만인보萬人譜 175
[諷刺詩-20180522] 괴물 대 흉물 176
[諷刺詩-20191114] 적폐積弊 178
[諷刺詩-20191114] 미투MeToo 179

제1부
외눈박이 나라에

자만自慢

가난한 사람들은
말하기 좋아하였다
진정,
천국은 저들 것이라고

부유한 사람들은
말하기 좋아하였다
진정,
저들은 선택되었노라고

그들은 한결같이
말하기 좋아하였다
그리고,
굳게 믿고 있었다

최후의 심판 날
전지전능하신 신神이 있어
자신의 손을 잡아
이끌어주시리라는 것을…….

1977/10/02

– 詩作노트

송교를 믿는 사람들 대개가 자신이 어떤 죄를 짓든지 간에 자신만큼은 사후엔 틀림없이 천국에 들어갈 것이란 확신을 갖고 있시요.

사람들은 제 식대로 삶을 해석하려 드는 버릇이 있지요. 뿐만 아니라 선과 악마저도 그렇게 제멋대루 해석하려 듭니다.
성공하여 잘 먹고 잘 사는 사람들은 그 성공이 마치 지신 혼자만의 노력과 능력으로 그리 된 것으로 착각하여 오만방자하기 이를 데 없습니다. 자신만이 하늘이나 전지전능하신 신으로부터 선택된 인간인양…….
따라서 신이 있다면 자신의 미래는 물론이고 죽은 후에라도 틀림없이 신으로부터 특별히 선택되어 질 것이란 오만함에 젖기 마련입니다.
반대로 가난하고 소외된 자들 또한 그런 착각을 지니고 있습니다. 자신이 못 사는 이유가 다 남들 탓이라 여기고 있지요.
교회나 절에 열심히 쫓아다니는 사람들은 대체 뭘 원하고 있는 걸까요.
잘 살게 해달라는, 성공하게 해달라는?
따지고 보면 그런 소망들조차도 게걸스런 욕심에서 우러나는 것은 아닐까요?

흔히들 자부심이나 자신감이 지나치면 자만이라고 하지요. 그래서 우쭐대는 데 그건 착각입니다.
그러나 태생부터 전혀 다르지요. 자부심이나 자신감은 남다른 재능이 있는 가운데 노력을 하고 나서야 생겨나는 것이고, 자만심은 결코 그렇지가 못합니다. 자만은 곧 죄악입니다.

나는 누구를 뭐라 일컫는다

– 부제 : 신新 오적시五敵詩

나는 우리나라 선량들을
자신들이 싸질러 놓은 똥구덩이에서 뒹굴며 노는
지저분한 돼지라 일컫는다
똥이 더러운 줄도 모르니까……

나는 우리나라 관리들을
쥐 잡을 생각 않고 늘어지게 잠이나 자는
게으른 고양이라 일컫는다
스스로는 아무것도 할 줄 모르니까……

나는 우리나라 재벌들을
짜구나는 줄도 모르고 계속 먹어대는
똥개새끼라 일컫는다
그러다 배터지는 줄도 모르니까……

나는 우리나라 학자들을
잔 수염 펄럭이며 먼 산만 바라보는
늙은 염소라 일컫는다
그깟 얕은 지식이 언제 바닥나는 줄도 모르니까……

나는 우리나라 목사들을
깨끗한 걸 가장하며 구린내나 풍기는
스컹크라 일컫는다.
제 냄새에 제가 죽는 줄도 모르니까…….

2002/01/09

대 예언豫言

누군가
인류 최후의 날을
지구 최후의 날을
예언하였다

노스트라다무스만이 아니다
에드가 케이시만도 아니다
말라키 오모겐만도 아니다

인류 최후의 날은
지구 최후의 날은
미리 정해진 것이 아니다
누구의 예언에 의해서도 아니다

모든 인류가
최후의 날을 향해
손에 손잡고 행진하고 있는 것이다

모든 인류는
한결같이 알고 있다
모든 인류는

한결같이 예언하고 있다

인류의 최후가
지구의 최후가
머잖아 다가오리라는 것을…….

2002/02/06

– 詩作노트

인류 역사상 수많은 예언자들이 인류의 멸망을, 더 나아가 지구의 파멸을 부단히 예언해왔다.
그런 멸망의 징후는 성경을 비롯한 수많은 종교예언서에서도 암시되어있고, 수많은 과학자들도 그를 입증하기위해 온갖 가설과 이상 징후를 소개하기에 여념이 없었다.
따지고 보면 그런 예언은 인간의 오만에서 비롯된 것이다. 왜냐하면 인류의 멸망과 지구의 파멸은 인류가 원하든 원하지 않던 언젠가는 도래할 기정사실이기 때문이다. 다만 인류의 노력이나 방종 여하에 따라 조금은 앞당겨질 수도 있고 조금은 늦춰질 수도 있다는 것이다.
현존하는 모든 종교들도 미래학자들도 머잖은 미래에 반드시 도래할 그런 엄연한 사실을 이용하고 있을 뿐이다.

인간은 수억 년의 수명을 지닌 게으른 거인의 발가락 사이에서 기생하고 있는 기껏 100년 정도의 수명을 지닌 박테리아에 불과하다.
그러니 인류가 자꾸 거인의 발가락을 간질이려든다면 거인은 참지 못하고 발가락 사이에 끼어 기생해왔던 인류를 박박 긁어대거나 씻어내어 박멸하려 들 것이다.
또한 인류가 기생해온 거인의 수명이 다한다하더라도 거인끼리는 한 발짝, 또는 서너 발짝에 불과한 거리일지라도 인간에게 있어 수억 년, 또는 수십억 년 이상의 거리에 떨어진 다른 거인의 발가락으로 옮겨갈 방법이나 재간이 없다. 그러니 인류의 역사는 기껏해야 거인의 수명에 못 미칠 것이다.

인간들아!
몇 천 년, 몇 만 년 박테리아로서 살아남으려거든 거인의 눈에 띄지 않도록 하라!
멸망을 자초하지 않으려거든 거인을 자극하지 말라!

인간은 교활한 반면에 어리석다. 모두가 잘 살 수 있는 천국 같은 세계를 건설하는 방법을 잘 알고 있지만, 결코 그리하려 하지 않는다.
전 세계인의 30% 가까이 굶주리고 있지만, 해마다 태평양 바다 속에 몰래 갖다 버리는 식량이 그리 많다. 식량대국 미국이나 캐나다가 그렇다는데 그 남아도는 식량을 왜 갖다 버리는고, 하면 자국의 농민들을 보호하기 위한 조치라 한다. 차라리 그 버릴 식량을 아프리카나 동남아시아 빈민국 등에 지원하면 굶어죽는 숱한 생명들을 살릴 수 있을 텐데 절대로 그러지 않는다는 얘기다.

전쟁은 왜 하는가? 국민들이 원해서 하는가?
전쟁터에 나가는 대부분의 병졸들은 왜 자신이 전쟁터에 나가 죽기 살기로 싸워야 하는지 그 까닭을 잘 모른다. 말이야 "국가를 위하여~!", "조국을 위하여~!"라지만 따지고 보면 게걸스런 영웅 심리에 그득 찬 몇몇 미치광이의 어릿광대노릇에 불과할 따름이다.
그렇게 전쟁에서 승리를 하고나면 전쟁 영웅들이야 권력을 차지하고 앉아 잘 먹고 잘 살게 마련이지만 피터지게 싸웠던 병졸들에겐 얻어지는 게 뭔가? 겨우 목숨을 부지하고도 병신 안 된 게 다행이라 여겨야 할 정도다.
물론, 전쟁에서 지고나면 패전국 국민으로서 고통스럽게 살 각오를 해야겠지만, 이기든 지든 양쪽 나라 국민들 모두가 고통스럽기는 마찬가지라는 거다. 따라서 굳이 남이 가진 것을 빼앗기 위해 하는 전쟁이라면 그건 국제 도둑이나 국제 강도라 할 만하다.

재벌기업들이 이익을 위해 수단방법을 가리지 않는 것도 큰 문제다. 지구 구석구석 얼마 남지 않은 산림을 마구 파헤치고 자연을 훼손하는 행위도 따지고 보면 인류가 자자손손 영구히 살아가야 할 유일한 환경인 지구를 파괴하는 것에 비해 아주 사소한 이익에 불과하다. 자사의 사소한 이익을 위해 인류에 있어 엄청난 재앙을 몰고 올 수도 있는 자연파괴를 아주 예사롭게 저지르고 있는 것이다.
조그만 기업은 조그만 기업대로 재료값을 아끼려 못 먹는 것인지 뻔히 알면서도 오염되고 상한 싸구려 재료를 섞어 먹거리를 만들어 파는 행위가 비일비재로 일어나고 큰 기업은 큰 기업대로 국민의 잘 살 수 있는 권리와 기회까지 담보로 하여 장삿속에 눈먼 일들을 예사로 저지르고 있는 것이다.

전기자동차를 만들 줄 몰라 못 만들고 있겠는가? 전기자동차야말로 환경에 전혀 무해한 연료를 사용하는 것이고 휘발유보다 훨씬 저렴하다. 강력한 엔진을

장착하면 속도나 힘에도 아무 문제가 없을 것이고, 차도 도로도 주변 환경도 한결 깨끗해 질 것이고…….
그런데 전기자동차를 못 만들고 있는 이유는 석유재벌들의 거센 방해에 의한 것이다. 석유로 먹고 사는 사람들이 얼마나 많은가? 석유 채유국(산유국)은 물론, 정유회사, 주유소……. 좀 많은가? 그들이 먹고 살도록 하기위해 전기자동차를 개발하지 않는다는 거다. 먹고 살라며…….

만병통치약이 있다. 한 알만 먹으면 감기에서부터 암까지 한꺼번에 치료할 수 있는……. 인간 게놈이 100% 해독되고 모든 병변이 밝혀진 지금 마음만 먹으면 얼마든지 만병통치약을 선보일 수가 있다. 그런데 그런 약은 개발했어도 시판할 수 없다. 왜냐하면 그런 약이 나오면 커다란 지각변동이 생기기 때문이다. 제약회사가 도산하고 병원이 문을 닫게 되고 약국도 문을 닫아야 한다. 의사도 약사도 제약회사 직원들도……. 약을 배달하는 트럭 운전사도 직업을 잃게 된다. 그래서 그런 약은 개발하면 큰일이 나는 것이다. 의사들 파워가 좀 센가?

결국 이런 이기심 때문에 지구는 파괴될 대로 파괴되어도 아랑곳하지 않는 다른 사람에 대한 배려가 전혀 없이 저만 배부르고 등 따스면 되는 세상이 된 것이다. 인류는 '함께 폼생폼사해야 하는' 한 공동체라는 것을 망각하고는……. 그래서 지구가 터져버리는 날 저만 살아남을 줄로 착각하는 인간들이 어리석다 못해 미련하게 보이는 것이다.

음모陰謀

지금
모든 세계를
오로지 몇몇이 나누어 가지려 한다면
그대는 믿겠는가

지금
모든 인류를
오로지 몇몇이 종으로 삼으려 한다면
그대는 믿겠는가

스스로
신神이라 일컫는 이들이 있어
그들의 이런 음모가 오래전부터 진행되어 오고 있음을
그대는 믿겠는가

이미 오래전부터
악惡의 영靈이
선善의 영靈을 눌러 왔다

세계가 오염으로 황폐화될수록
인류가 극단적 이기주의로 치닫을수록

그들의 음모는 완성될 것이다

그들은 악마의 화신
스스로 절대적 주재자가 되어
세계를 제멋대로 난도질할 것이다
인류를 제멋대로 처참히 도륙할 것이다

그들에 있어 세계는 시험장이고
그들에 있어 인류는 소모품인 것을…….

2002/02/06

— 詩作노트

음모론은 새삼스러울 게 없는 기정사실과 같습니다. 다만 대개의 사람들이 모르고 있기 때문에 음모론 따위를 믿지 않을 뿐이지요.
기득권층은 끼리끼리 스크럼Scrum을 짜고 자신의 재물이나 권력, 지위를 보호하려합니다.
재벌이나 권력가들끼리 사돈을 맺는다거나, 학연學緣이니 지연地緣이니 무슨 무슨 문파門派니 따위로 뭉치는 것도 다 그런 이유 때문이지요.
그로인해 아무데도 소속되지 못한 불출들만 죽어나는 겁니다.

인간피라미드

하나 밑에 둘이 있다
둘 밑에 넷이 있다
넷 밑에 여덟이 있고
여덟 밑에 열여섯이 있다

열여섯 밑에 서른둘이 있고
서른둘 밑에 예순넷이 있다
삼십억 위에 십오억이 있다
십오억 위에 칠억오천만이 있다

칠억오천만 위에 삼억 칠천오백만이 있고
삼억칠천오백만 위에 일억팔천칠백오십만이 있다
일억팔천칠백오십만 위에 구천삼백칠십오만이 있고
구천삼백칠십오만 위에 사천육백팔십칠만오천이 있다

한 사람이 두 사람을 부린다
두 사람은 한 사람을 모시고 네 사람을 부린다
네 사람은 두 사람을 모시고 여덟 사람을 부린다
여덟 사람은 네 사람을 모시고 열여섯 사람을 부린다

열여섯 사람은 여덟 사람을 모시고 서른두 사람을 부린다
서른두 사람은 열여섯 사람을 모시고 예순네 사람을 부린다
삼십억 사람들은 십오억 사람들을 모신다
십오억 사람들은 칠억오천만 사람들을 모시고 삼십억 사람들을 부린다

칠억오천만 사람들은 삼억칠천오백만 사람들을 모시고 십오억 사람들을 부린다
삼억칠천오백만 사람들은 일억팔천칠백오십만 사람들을 모시고 칠억오천만 사람들을 부린다
일억팔천칠백오십만 사람들은 구천삼백칠십오만 사람들을 모시고 삼억칠천오백만 사람들을 부린다
구천삼백칠십오만 사람들은 사천육백팔십칠만오천 사람들을 모시고 일억팔천칠백오십만 사람들을 부린다

한 사람 위에는 아무도 없다
그 밑에 육십억 사람들이 있을 뿐이다
삼십억 사람들 밑에는 아무도 없다
그 위에 삼십억 사람들이 있을 뿐이다.

2002/02/06

- 詩作노트

인간은 두 부류로 나눠집니다.
극히 상대적이지요.
잘난 자와 못난 자,
있는 자와 없는 자.

참 신기합니다.
그렇게 구분되어진 것이 언제부터일까요?
하긴 하등동물이나 자연생태계에서도 약육강식은 있게 마련이요, 인간 역시 동물일터이니 약육강식의 자연법칙에서 예외일 수는 없겠지요.

동물세계에서는 강하면 언제고 우두머리자리를 차지할 수 있지요. 그런데 인간세계에서는 모든 것이 뒤죽박죽인 혼란기라면 어떨지 모르겠지만, 힘이 있다고 머리가 좋다고 우두머리자리를 차지하긴 힘듭니다. 그 예로 부나 권력 등은 대개 고스란히 세습되기 마련이거든요. 따라서 없는 자들일수록 그런 것들을 얻기란 좀처럼 쉬운 게 아닙니다.
부와 권력을 거머쥐면 잘난 자로 있는 자로 통하고, 그렇지 못하면 못난 자로 없는 자로 통하기 마련입니다.
못난 자라도 세습 받아 권력을 거머쥔다면 아무리 잘난 자라도 그 권력 앞에 대항하기는커녕 굴복할 수밖에 없으니 말입니다.
결국 아무리 잘나고 똑똑하면 뭘 합니까? 가진 거 없는 비천한 집에서 태어나 천운을 만나지 못하면 하층민으로 전전하게 마련이지요.
반대로 못나고 재능이 없어도 가진 거 많고 좋은 가문에서 태어나면 귀하게 여김을 받고 평생 부귀영화를 보장받게 되는 겁니다.

인간이란 세상에 나오는 과정이 다들 똑같아서 한 남자의 정자와 한 여자의 난자가 만나 생성된 난세포속에 깃들여 인간이란 허울을 덮어쓰고 태어나는 겁니다. 부모 된 자는 단지 자신의 유전자를 이어받아 닮은 점이 많다하여 자식이라 인정하고 자신의 지위와 부를 굳이 상속시키려 하는 거지요. 그러니 신의 뜻인지, 아니면 어떤 조화인지 알 수 없으나 태어나는 순간 귀한 자가 되기도 하고 천한 자가 되기도 하는 겁니다.

인간사회란 어느 한 인간의 능력만으로는 좌지우지할 수 없으리만큼 요지부동하게 짜인 거대한 틀과 같은 겁니다.
히틀러니 전두환이니 하는 미치광이 영웅들은 난세, 즉 인간사회의 혼란스런 분위기를 틈타 권력을 틀어쥐게 된 천운의 사람들이지요. 그 사람들이 운명을 거머쥘 정도로 잘나서 그런 것은 아니라는 겁니다. 만약 그렇다면 권좌에서 쫓겨날 리도 없을 것이고 독재자로 지탄받아야할 이유도 없어야겠지요.
순리대로 잘 돌아가는 사회에서는 신분의 급상승을 기대하기도 어렵거니와 '개

천에서 용났다'라는 소리를 들을 만큼 하층민에서 귀족층으로 도약하기란 불가능하다는 겁니다. 특히 요즘같이 사회계급제도가 탄탄히 짜인 상황에서는 '부익부 빈익빈'이란 말이 회자될 정도로 사회적 지위는 개인의 의지와는 전혀 별개로 대를 이이 상속받게 되는 거지요.
부와 권력을 틀어쥔 자의 자식 또한 그런 지위를 고스란히 이어받게 되는 것이고, 반대로 지지리 못사는 사람들의 자식들은 여전히 못 배우고 못 익혀 결국 하층민으로 머물게 된다는 겁니다.

소수의 사람들이 누리게 되는 부와 권력은 실제로 다수의 사람들로부터 나오는 것들입니다.
아무리 자본이 많더라도 자본 스스로는 증식하는 능력이 없습니다. 그러니 100억 원의 자본이 있기로 안방의 금고 안에 가만히 처박혀있다면 천년만년 세월이 지나간들 그 액수에서 더 늘어나지 않는다는 겁니다. 100억 원의 돈을 이용하여 사람들을 부려야 200억 원, 300억 원… 금액이 새끼 치듯 자꾸 늘어날 게 아닌지요.
해서 결국 '돈이 돈을 번다'란 말은 자본가의 변명에 지나지 않는 것이고, 실제론 다수의 사람들이 마치 수하의 노예처럼 피땀 흘려 돈을 벌게 해준다는 것이지요.
그렇다면 소수의 특권층들은 자신들이 누리고 있는 은혜를 다수의 사람들에 의해 얻어진 것이라 여기고 고마운 생각을 지녀야하는 게 당연한 것 아닌지요? 그런데 전혀 그렇지가 않습니다. 마치 하늘로부터 선택되어 주어진 것처럼 오만하기 짝이 없습니다. 일찍이 왕권시대에 왕족으로 태어난 귀하신 몸처럼 말이지요.

부든 권력이든 보다 많이 거머쥘수록 보다 고마워해야하고 보다 겸손해져야하는 겁니다. 그 부와 권력이 영원히 제게 머물 것이란 착각을 하지 않는다면 말입니다.

구멍

옆방엔
술집 다니는 처녀가 있다
내 방엔
옆방을 훔쳐보는 구멍이 있다

하나 둘 셋 넷 다섯 여섯……
구멍은 헤아릴 수 없이 많다
키 높이 구멍이 있고
납작하니 엎드린 구멍이 있고
키 넘는 구멍도 있다

내 방 쪽 구멍은 계란만큼 크다
그녀 방 쪽 구멍은 연필심만큼 작다

그녀는 늦게 일어난다
나도 늦게 일어난다
그녀는 늦게 돌아온다
나도 늦게까지 잠 안자고 기다린다

그녀는 하루 두 번 옷을 갈아입는다
나도 하루 두 번 구멍에 다가선다

그녀의 살결은 유난히 뽀얗다
그녀의 모습은 유난히 환상적이다
그녀의 얼굴은 유난히 몽상직이다

그녀와 난
세면장을 함께 쓴다

그녀의 살결은 뽀얗지 않다
그녀의 모습은 환상적이지 않다
그녀의 얼굴은 몽상적이지 않다

그 구멍들을
그래서 요술구멍이라 이름 붙였다.

※ 작은 구멍을 통해 보는 세상은 늘 아름답다.

2002/02/08

대단한 사람

그는
대단한 사람이다
테레비젼에 자주 나오고
대단히 유명한 사람이다

그가 가는 곳마다
사람들이 인산인해를 이룬다
그가 한마디 할 때마다
사람들이 아우성을 친다

그가 사람들에게 묻는다
　　　- 나보다 더 대단한 사람 있나요?
사람들이 그에게 대답한다.
　　　- 당신보다 더 대단한 사람 없어요

그가
어느 날 술에 잔뜩 취했다
으슥한 골목 찾아 담벼락에 오줌을 싸는데
누가 지나가다 반색하며 손을 내민다

　　　- 이거 영광입니다

그는 오줌줄기를 멈추며
황급히 손을 맞잡는다

– 별 말씀을…….

※ 대단하다는 사람들도 알고 보니 오줌 똥을 싼다더라…….

2002/02/08

외눈박이 나라에

외눈박이가
태풍에 실려와
두눈박이 나라에서 살게 되었다

두눈박이 사람들이
외눈박이를 놀려댔다
외눈박이는
눈 밑에 눈 하나를 더 그려 넣었다
그리고 행복하게 살았다

두눈박이가
태풍에 실려와
외눈박이 나라에서 살게 되었다

외눈박이 사람들이
두눈박이를 놀려댔다
두눈박이는
눈 하나를 빼어버렸다
그리고 행복하게 살았다.

※ 사람들은 기준을 정해놓으면 무조건 그 기준에 맞추라 하네.

2002/02/08

돈Money

'돈'이란 이름이
'돌고 돈다'하여 붙여졌단다
'참으로 그럴 듯하다'고 중얼거렸다

그렇다면, 돌지 않고 고여 있는 돈은 무엇일까?
금고 속에 차곡차곡 쌓여있는 돈……
안방 비닐장판 밑에 겹겹이 쌓여있는 돈……
통장 속에 아라비아 숫자로 박혀있는 돈……
돈 돈 돈……

사랑도 돈 속에 녹아버리고
우애도 돈 속에 녹아버리고
우정도 돈 속에 녹아버리고
의리도 돈 속에 녹아버리고
정의도 돈 속에 녹아버리고
믿음도 돈 속에 녹아버리고
자유도 돈 속에 녹아버리고
평화도 돈 속에 녹아버리고
희망도 돈 속에 녹아버리고
목숨도 돈 속에 녹아버리고

돈아,
세상의 그 좋다는 모든 엑기스를 너는 다 가졌구나!

사랑보다도
우애보다도
우정보다도
의리보다도
정의보다도
믿음보다도
자유보다도
평화보다도
희망보다도
목숨보다도
전지전능한 신神보다도
더욱 지고至高의 가치를 지닌 돈아!

돈아,
그래서 너의 가치가 그리도 높구나!

더그레이티스트머니The Greatest Money는
지금 이 순간에도
이 손에서 저 손으로 유랑을 한다.

2002/02/09

내 주머닛돈 백 원이

내 주머닛돈 백 원이
남의 주머닛돈 만원보다 값지다고요?

그래서
당신은 남의 전화로
못다 한 수다를 모두 풀어버립니다
그래서
당신은 공중화장실에 걸려있는
새 화장지를 통째로 들고 나옵니다
그래서
당신은 쓰레기봉투 값 아낀다고
남의 집 담벼락에 쓰레기를 몰래 버리고 다닙니다
그래서
당신은 남의 잔칫집에 가서
떡이며 고기며 혼자 들기 벅찰 정도로 싸서 집에 나릅니다
그래서
당신은 선거철만 되면
검정고무신 얻으려고 여기저기 유세장을 기웃거립니다

당신은 결코 부지런한 사람이 아닙니다
당신은 결코 알뜰한 사람이 아닙니다

당신은 가장 비열하고 치사한 좀도둑입니다.

※ 우리 국민들에게 공짜심리만 없었다면,
오늘날 우리 정치가 이처럼 개판이 되지는 않았을 것이다.

2002/02/10

복부인福婦人

어떤 여자가 있습니다
그냥 보통여잡니다
적당히 배웠고
적당히 생겼고
적당히 친구가 있는
그냥 보통여잡니다

그 여자는
특별한 재주는 없습니다
전문직에 종사할만한 전문지식이 없습니다
그렇다고 기술 믿고 뭘 하나 차릴만한
특별한 기술이 있는 것도 아닙니다
그러나 운전면허증은 있답니다
그래서 그녀는
기술자격증을 보유하고 있다는 자부심도 갖고 있고요

부동산투기해서 돈을 많이 벌었기 때문에
그녀는 돈은 많답니다
그녀는 늘 돈 버는 게 쉽다고 생각합니다
왜 세상 사람들이 그 쉬운 방법이 있는데도
돈을 못 버는지 그게 이상할 따름입니다

그냥 사놓기만 하면
저절로 두 배 세 배 오르는 것을
왜 모르고 있는지 오히려 안타깝게 느끼고 있습니다
돈 없어 쩔쩔매는 사람들 보면
참으로 바보 같다는 생각이 듭니다
그냥 있는 돈으로 사놓기만 하면
저절로 오르는 것이 부동산인데 말입니다

그녀는 사람에게는 절대로 투자하지 않습니다
그녀는 사람은 절대로 믿지 않는 신조가 있습니다
땅은
그리고 집은
절대로 사람을 속이지 않는다는 것이
그녀의 철칙입니다

그녀는
자신이 벌어들이고 있는 만큼
남의 주머니 돈을 훔치고 있다는 사실을
전혀 모르고 있습니다
그 투기라는 것이
얼마나 많은
없이 사는 사람들을 괴롭히고 있는지를
모르고 있으니까요.

※ 투기해서 버는 것도 천부적인 능력이라 생각하고
그를 자랑스럽게 여기는 사람들로 넘쳐나고 있는 세상입니다.
그러니 너도나도 열심히 일해서 벌겠다는 생각은 강 건너 간지 오래입니다.

2002/02/10

선민주의選民主義

망망대해
사방을 둘러봐도 오직 바다만 보이는 곳에
자그마한 섬이 하나 있었답니다
그리고 그 섬에는
고만고만한 어린아이들 서른 명이 살았답니다

백인아이가 다섯 명
흑인아이가 열 명
황인아이가 열다섯 명
그렇게 아이들 서른 명이
서로 의지해가며 오순도순 살았답니다

나이어린 아이들은
나이 많은 아이들에게 의지하면서
나이 많은 아이들은
나이어린 아이들을 보호해주면서
사이좋게 살았답니다

1년이란 세월이 흘렀습니다

한 교활한 백인아이가 이렇게 말했습니다
　　- 우리에겐 리더가 필요하단 말이다
그래서 그 백인아이가 리더가 되었답니다
그로부터 새로운 규칙들이 만들어졌습니다
그로부터 새로운 서열들이 정해졌습니다

모두 그 규칙에 따라야했습니다
모두 그 서열에 따라야했습니다
규칙을 어기면 매를 맞았습니다
서열을 어겨도 매를 맞았습니다
규칙과 서열은 냉혹하게 적용되었습니다

모든 것이 규칙과 서열에 의해
일사불란하게 움직여졌고
보다 효율적이라 보다 풍요로워졌습니다
규칙과 서열은 모두에게 좋은 것이라 여겨졌습니다
그래서 모두가 만족하였습니다

다시 1년이란 세월이 흘렀습니다

리더인 백인아이가 이렇게 말했습니다
　　- 우리백인은 신神이 될 필요가 있어
나머지 네 백인아이들도 맞장구쳤습니다
　　- 우리의 피부가 너희보다 희잖니?
맞는 말이라 흑인아이들과 황인아이들은 할 말을 잃었습니다

리더인 백인아이가 이렇게 말했습니다
　　- 흑인은 까마니까 백인을 지켜주는 군사가 되고
　　　황인은 이도저도 아니니까 노예가 되라
다시 새로운 규칙들이 만들어졌습니다
다시 새로운 서열들이 정해졌습니다

백인아이들은 신이 되었습니다
흑인아이들은 군사가 되었습니다
황인아이들은 노예가 되었습니다
모두 이 규칙에 따라야했습니다
모두 이 서열에 따라야했습니다

규칙을 어길 때마다 손가락 하나씩을 잘랐습니다
서열을 어길 때마다 손가락 하나씩을 잘랐습니다
이상하게도 손가락을 잘리는 것은 황인아이들 뿐이었고
시간이 갈수록 황인아이들의 손에서 손가락이 하나 둘 없어
져갈 뿐입니다
그럴수록 황인아이들은 부끄럽기만 했고 죄스러울 뿐이었습
니다

다시 1년이란 세월이 흘렀습니다

리더인 백인아이가 이렇게 말했습니다
　　- 손가락이 세 개 이상 없는 아이는 악의 축이다
나머지 네 백인아이들도 맞장구쳤습니다

– 악의 축은 죽여야 한다
흑인아이들도 이구동성 맞장구쳤습니다

손가락 세 개가 없는 아이는 모두 셋이었습니다
손가락 세 개가 없는 아이들은 빌었습니다
살려만 주면 무슨 짓이든 다하겠노라고……
그렇지만 이미 늦었습니다
같은 황인아이들까지 불똥이 튈까 두려워 숨죽였습니다

광장엔 세 개의 나무기둥이 세워지고
손가락 세 개가 없는 아이들이 그 기둥에 묶였습니다
장작이 쌓여지고 기름이 부어졌습니다
불길에 타들어가면서 손가락 세 개가 없는 아이들이 울부짖었습니다
그렇지만 나머지 황인아이들은 그저 바라다 볼뿐입니다

나머지 열 명의 흑인아이들과 열두 명의 황인아이들은
백인아이들에게 더욱 충성을 다짐했습니다
백인아이들은 비로소 진정한 신이 되었습니다
백인아이들이여
역시 당신들은 하늘이 내려주신 선민選民입니다.

– 미국 부시 대통령의 '악의 축' 발언을 듣고 –

2002/02/10

죽어 저승에 가서라도
– 부제 : 억울해서 어찌 갈꺼나

돈 많이 벌어 놓은 사람들아,
저승 갈 때 못 가져가서 어이할거나!

대한민국 최고 갑부였던
이병철이여
정주영이여
평생 억척같이 모은 재산 못 가져가서 어이 할꼬?
너무나 억울타!

저승 가서도
저승 돈다발을 세고 있다면 다행이련만……

이승 돈과 저승 돈이 같기만 한들
이승 돈 싸 짊어지고 저승 올라 가
가장 햇볕 잘 들고 전망 좋은 곳을 후손 위해 널찍이 장만해
두련만……

오, 애달고나!
평생 돈만 벌다 죽게 된 재벌들아
내 말 좀 들어 보소
저승 갈 때

그 모든 것 함께 가져 갈 수 있는 묘책이 있다오

평생 당신 번 돈 당신 무덤 앞에서 태우라 카소
당신 죽어 연기되어 저승에 가 듯
그 돈 연기되어 저승에 오를 것이라오.

※ 인색하기 짝이 없는 한국의 재벌들에게…….

2002/02/10

왜 그대들은 그런 영화를 좋아하는가

왜 그대들은
공포영화를 좋아하는가?
죽음을 느끼고 싶어서인가?

왜 그대들은
폭력영화를 좋아하는가?
사지가 절단되는 꿈을 꾸고 싶어서인가?

왜 그대들은
엽기영화를 좋아하는가?
스스로 괴물이 되고자하는 바램에서인가?

그대들 내면이 그런 것들로 가득 차 있다면
분명 그대들 심성은 악을 가까이하려함일 것이다

지하철 안에서 만날 수 있는 그대들은
백화점 안에서 만날 수 있는 그대들은
오다가다 길거리에서 만날 수 있는 그대들은
분명 선한 얼굴들인데
왜 그대들은 악을 동경하는가?

그대들은 세상이 공포로 찼으면 좋겠는가?
그대들은 세상이 폭력으로 물들었으면 좋겠는가?
그대들은 세상이 괴물들로 그득 찼으면 좋겠는가?

그대들이 그런 바램을 지녔으니
세상이 점점 악해질 수밖에…….

※ 요즘 영화들은 어찌 하나같이 잔혹한지……,
그걸 보고 따라하지 못하는 것도 멍청이지…….

2002/02/11

잠충潛蟲

어떤 이는
과장하여 말하길 하루 두어 시간 이상 자지 않는다 했다
또 어떤 이는
하루 너 댓 시간 이상 자면 허리가 끊길듯하여 더 이상 못 잔다 했다
그리고 또 어떤 이는
하루 여섯 시간은 자야 몸이 개운하다 했다

수명이 고무줄처럼 마냥 늘어난 요즘세상
인간이 칠십까지 너끈히 산다고 가정하더라도
잠이 파먹는 세월은 장장 이십년
잠이 파먹는 시간만큼은
그 시간만큼은
오장육부 사지를 덜 움직이기에
그나마 늙지를 않는다면
그래서 더 오래 살 수만 있다면
그래도 덜 억울할 것이다

이 잠충은
하루 여덟 시간의 잠으로도 왠지 졸리기만 하다
살아있는 시간이 눈물겹도록 아쉽건만

황홀한 잠의 유혹에 헤어날 수가 없다

지나간 세월
팔분지 삼을 잠 속에 묻어버리고
일장춘몽인양
그 긴 잠 속에 어언 늙어버린 나를 보았다

잠이 많을수록 오히려 빨리 늙는다는
어느 돌팔이 학설이
진정 나를 슬프게 한다
진정 나를 화나게 한다.

※ 潛 : 자맥질할 잠

2002/10/21/04:24

돈 돼지

지난밤의 돼지꿈

천 원 한 장이
백만 배 뻥튀기되어 돌아오기를
졸이는 마음
가지런히 찍힌 일련번호가
소곤거림이 되어 속삭인다
　　　- 틀림없어요

바다가 널따랗게 펼쳐진 전망 좋은 구릉을 사리라
널찍이 잡은 터 위엔 그림 같은 통나무집을 지으리라
정원엔 둥근 연못을 파고 황금잉어를 키우리라
화단엔 사시사철 피고 지는 화초들을 심으리라
뒤뜰엔 사과나무 배나무 복숭아나무 포도나무를 심으리라
똥개도 키우고 염소도 키우고 돼지도 키우고 닭도 키우리라

널따란 거실엔 붉은 벽난로가 따스한 온기를 품어내고
홈시어터에선 비엔나필하모닉오케스트라의 감미로운 선율
이 흐르는데
아름답고 우아한 그녀는 시종 고혹적인 미소를 흘리며 저녁
을 짓네

빨간색 오픈카……
하리스 오토바이……
퀸엘리자베스 호를 타고 떠나는 세계일주……
그리고……
그런데……
오랜 기다림 속에서의 달콤한 상상들이 신기루일 줄이야

몇 번씩 눈 씻고 봐도 내 번호는 뵈질 않네
분명히 꿈속에서 돼지를 보았는데
토실하게 살이 오른 돼지를 보았는데
돼지꿈 꾸면 분명 돈벼락을 맞는다 했는데
글쎄……
그 돼지는 돈 돼지는커녕 똥돼지였나 보다.

※ 뜬구름 잡기로 괜한 기대와 흥분은 결국 허탈밖엔 남기지 않는다.

2002/11/02/04:30

부산행 열차 안에서

부산으로 향하는 비둘기호 객차 안
벌써 두 시간 넘도록
나를 뚫어져라 쳐다보는 묘령의 아가씨
나에게 반한 것일까?
가슴이 설레고 얼굴마저 화끈거린다

힐끗힐끗……
사람들 사이를 통해 그녀 바라보노라면
뽀얀 얼굴 가지런한 치아 늘씬한 몸매 나무랄 데 없다
종착역 거의 다 와
묘령의 아가씨 큰맘 먹은 듯 내게 다가와서는

　　- 저…… 혹시…… 김덕팔 씨 아니세요?
　　- 아닌데요
　　- 예…… 그럼…… 실례했습니다
　　- 저기…… 아가씨…… 왜 그러는데요?
　　- 아녜요…… 제가 사람을 잘못 봤네요
　　- 그래도 제가…… 좀 궁금해서요
　　- 예…… 몇 년 전…… 아버지 돈 떼먹고 도망간 사람 있었거든요 그래서…… 혹시…… 그분이…… 아닌가…… 해서요
　　- ……!

2002/11/06

인신매매단人身賣買團

으슥한 골목길
봉고 하나가
사람 눈 피해
숨은 듯 멈춰있다

짙은 썬팅의
차창을 통해
골목길 오가는
사람들을 엿본다

- 저 노란 옷 입은 여자 어때?
- 임마, 저건 밥맛이다
- 그럼……, 저기 저 회색 티 입은 여자는?
- 글쎄……, 넘 나이가 들은 거 같어

별 두 개짜리와
별 네 개짜리가
싱싱한 생선 고르듯
이리 재고 저리 잰다

별 두 개짜리가
소주잔을 기울인다
별 네 개짜리가
컵라면을 먹는다

- 저 여잔 어때?
- 어……, 제법 삼삼한데!
- 그럼, 저걸로 하자
- 값을 좀 받겠구나!

하얀 바지에 빨간 스웨터
날씬한 몸매에 갸름한 얼굴
나이는 어림잡아 스무 살 안팎
이른바 물오른 영계

스르르 미끄러지듯
다가서는 봉고
검은 그림자 하나가
그녀를 낚아챈다

- 누…… 누구세요?
- 왜…… 왜 이래요?
- 누군 누구야? 나지
- 왜는 왜야? 잔말 말고 따라오면 되지

지나가던 사람들
흘끔흘끔 곁눈질하며
아무 일도 없다는 듯
제 갈 길로 간다

건장한 사나이 하나
목울대 벌컥거리며
마른침 삼키곤
처억 버티며 앞을 막는다

– 무…… 무슨 일이요?
– 왜…… 왜 그래요?
– 짜샤! 넌 무시기야?
– 얜, 집 나간 내 마누라다

머쓱해진 사나이
가던 길 재촉하고
웅성거리던 구경꾼들
썰렁하게 흩어진다

머리채 휘어 잡힌 꽃다운 청춘
봉고 속에 빨려들듯 사라지고
봉고는 속력 다해 골목길 나선다

그리고
예나 다름없이 골목길
사람들이 오간다.

2002/11/18/04:00

밴댕이 소갈머리

할 줄 아는 짓거리란
남 잘되는 거 배 아파하기
겉으로 봐선 꽤나 담대膽大한데
소심하긴 이를 데 없어

변덕이 냄비 끓듯 하고
심보가 마냥 뒤틀리기만 하니
세상이 딱히
제 비위나 맞춰가며 살라하네

걸핏하면 삐지니
달래기가 두 살배기 얼라보다 어렵구나
그러고서도
사내졸장부 아닌 대장부란다

얘, 철딱서니야
쇠똥구리처럼
세상 온갖 편협 싸 짊어지고
그렁저렁 살다 가려무나.

※ '정몽준, 투표일 하루 전날 노무현 대통령 후보 지지철회'를 지켜보면서…….
당시 국민들, 정몽준 욕 많이 했을 겁니다. 아주 비열하고 치사한 인간이라고…….
그런 인간이 금배지를 달고 국제올림픽 IOC위원이라는게 도무지 믿기지 않습니다.
제 능력보다는 아마도 애비 잘 둔 덕택 아닐까요?

2002/11/20/23:10

원숭이 세 마리

원숭이 세 마리가 있는데
그 중 한 마리는
두 손으로 눈을 가리고 있대요
보이는 것 모두가
두려움일지라
차라리 장님처럼
두 눈을 가릴지라도

원숭이 세 마리가 있는데
그 중 한 마리는
두 손으로 귀를 막고 있대요
들리는 것 모두가
두려움일지라
차라리 귀머거리처럼
두 귀를 막을지라도

원숭이 세 마리가 있는데
그 중 한 마리는
두 손으로 입을 막고 있대요
말하는 것 모두가
두려움일지라

차라리 벙어리처럼
입을 닫을지라도

허상虛狀이 진상眞狀을 잡아먹고
허청虛聽이 진청眞聽을 잡아먹고
허언虛言이 진언眞言을 잡아먹고
혼돈混沌이 질서秩序를 잡아먹고
협잡挾雜이 정도正道를 잡아먹고
허구虛構가 진실眞實을 잡아먹고

원숭이 세 마리는
보지도 않고
듣지도 않고
말하지도 않는대요.

※ 세상이 왜 이리 험악하고 추잡해졌는지
차라리 보고도 못 본 척, 듣고도 못 들은 척, 입 다물고 사는 게 편하지.

2002/11/24/19:30

나무아미타아불 관세음보살

비나이나
비나이다
부처님 전에 엎디어
비나이다

미국이란 폭군이
더 이상 힘없는
이 나라 백성을 살상하지 않도록
비나이다

바라옵건데
삼라만상을 주재하시는 부처님이시어
엎디어 비옵나니
저 태평양 건너 미국이란 오랑캐 나라를 벌하옵소서

비나이나
비나이다
부처님 전에 삼천 배 올리며
비나이다

미국이란 나라가
하루아침에 알거지 되어
우리에게 도움을 청하도록
비나이다

바라옵건데
인간세상을 주재하시는 부처님이시어
엎디어 비옵나니
저 오만불손한 미국이란 나라가 '악의 축'이 되도록 벌하옵소서

그들의 국력이 날로 쇠하여
그들의 백성이 타민족의 탱크 밑에 깔리게 하시고
그들의 경제가 날로 피폐하여
그들의 백성이 타국을 떠돌며 유리걸식하게 하소서

나무아미타아불 관세음보살.

※ 오만불손한 미국을 지탄하며…….

2002/12/06/23:45

니기미

니기미
지금 양코쟁이들
뭐하는 짓거리여?
언제는 탱크로
사람 깔아뭉개더니……

니기미
지금 양코쟁이들
뭐하는 짓거리여?
걸핏하면 기름유출
우리 땅이 하수구여?

니기미
지금 양코쟁이들
뭐하는 짓거리여?
저거들이 덩치 쪼매 더 크다고
우리사람 깔보는 거여?

- 니 : 니네덜
- 기 : 기렇게 하믄
- 미 : 미치고 팔딱 뛴데이.

2002/12/07/18:28

지금 카바레에서

나직한 선율旋律 맞춰
휘돌듯 돌아가는 쌍쌍의 환영幻影
어둑한 조명照明 빨강 노랑 파랑
요동하는 우주볼 명멸明滅하는 스포트라이트
붉게 타들어가는 불꽃너머
흔들리는 욕정欲情 잔존孱存의 찌꺼기

지긋이 내미는 하얀 손
다소곳 다가서는 하얀 손
원초적原初的 본능本能의 허울 속에
무르익는 말단비대증末端肥大症
쓰디쓴 맥주글라스
사랑이 녹고 낭만이 녹고
인생이 녹고

타오르는 담배연기
질펀한 슬픔 묻어나고
음습한 고독 묻어나고
공허한 절망 묻어나고
댄스 댄스 댄스
질탕한 몸놀림들 부대끼는 육체들

룸바 자이브 삼바
지르박 탱고 차차차

이 긴 밤 지새도록
흐느적이는 육체여
끈적이는 체액體液이여
배설되는 정액精液이여
조각나는 순정純情이여
부르스 긴 여운餘韻 한 숨 돌리는 지금

카바레에서…….

2002/12/07/02:08

한민족아 궐기하라

어제 망년회 때문에 서면엘 갔었는데요 물론 매스컴을 통해 두 여중생이 미군의 탱크에 깔려 숨지고 그 두 탱크 병은 무죄로 방면되어 미국으로 귀환시켰다는 보도도 들은 바 있었답니다 서면 지하도에선 미군들의 횡포로 인한 피해상황을 사진으로 담아 지나가는 사람들에게 보여주고 서명을 받고 있었답니다 저도 가까이 다가가 사진들을 자세히 들여다보았답니다 세상에…… 두 여중생의 처참하게 짓뭉개진 사진이 있지 뭡니까 도대체 누가 찍은 것인지 그리고 진짜 상황을 찍은 사진이 맞는 것인지 강한 의혹 속에 제 눈을 의심했었답니다 그것뿐만 아니라 어느 소녀는 벌거벗겨진 채 아랫도리가 완전히 도려내어진 사진도 있었답니다 만약에…… 만약에 그 사진들이 허구가 아닌 진실이라면 그들 그 악행을 저지른 미군들은 정신이상자가 아니면 극단적 변태성욕자가 아닌가 의심이 들 정도랍니다 그런 자들을 처벌 안 하고 미국으로 무죄방면 시켰다면 아마 그들은 미국에서도 그런 못된 짓거리들을 저지르고 돌아다닐 가능성은 없는 것일까요 감히 이 땅에서 감히 이 나라 국민들을 감히 이 땅의 이 국민들이 지켜보는 가운데 그렇듯 태연하게 금수만도 못한 악행을 저지를 수 있는 놈들은 도대체 어떤 놈들입니까 그리고 뉘 나라 백성들이란 말입니까 똥물에 튀겨 죽여도 시원찮을 놈들 같으니라고……

– 한민족아 궐기하라

반만년 역사 백의의 민족 그 혈혈히 이어오는 단군신화 주체사상 일찍이 북방의 오랑캐 바다 건너 쪽발이 다 물리치고 한민족 강건한 기상이 땅위에 드높였다 순한 것이 약한 것이 아니거늘 양보의 미덕이 어리석음이 아니거늘 겸손함이 비굴함이 아니거늘 한반도 형상 토끼 같다 하여 그리도 만만히 보았더냐 우리 한반도 우리 겨레민족 일제의 삼십육 년 굴레 스스로 벗지 못한바 기어이 미소 두 양키들이 삼팔선으로 절단해놓고 육이오 피 터지는 골육상잔 덕택에 미국경제 어부지리 얻고 진정 그대 미국 우리 위해 무엇을 하였던가 한땐 그대 적국 패전국 일본보다 우리에게 베푼 것이 더 낫더란 건가 치욕적인 국가차별 그러면서도 동맹이라니 온갖 못할 짓은 우리에게 굴욕적인 것도 우리에게 인간이하의 대접도 우리에게 아서라 양키들아 그러려면 당장 이 땅에서 꺼져라 너 양키들아 우리를 당나귀 취급마라 당근 몇 조각으로 우리를 농간하지 마라 그까짓 캐러멜 초콜릿 안줘도 산다 너 양키들아 당장 너희 나라로 돌아가라 이런 굴욕 속에 너희가 방패가 되어 준다하여도 내 마다하리니 굴욕적으로 살 바엔 차라리 적의 칼에 당당히 맞아 죽는 것이 나으리라 너희들이 진정 세계평화 수호하는 경찰국일지라면 그대들의 거만함을 그대들의 방자함을 그대들의 안하무인을 당장 거두고 이 땅에서 사라져라 너희들이 우리위에 군림하려 할수록 너희들이 우리의 은혜로운 자로 가장하려 할수록 너희들이 우리를 기만하려 할수록 우리는 너희를 결코 용서할 수 없노라 너희 양키들은 이제 세계의 으뜸이 되었다 하여 스스로 법의 주재자가 되어 약소국들의 생사여탈권을 행사하려 하지만 반드시 칼로 흥한 자는 칼로 망하리란 역사가 증명하는 전철을 밟게 되리라 한민족아 자랑스러운 한겨레여 우리 한 핏줄끼리 단결하여 오랑캐 양키 놈을 이 땅에서 쫓아내자 손에 손잡고 우리 강토를 우리 손으로 굳게 지켜나가자 반드시 힘을 키워 미국 본토에 우리 태극기를 휘날려 보자 우리의 탱크 밑에 양키 놈들 깔아뭉개어 보자 이제 머잖아 세계는 우리 한민족의 것 보다 힘찬 웅지를 만천하에 드러내자

– 양키 고우 홈!

2002/12/11/18:09

뽀뿌라마치

청량리 오팔팔
자갈마당 무색하다
물 좋기로 소문난
뽀뿌라마치

숨 돌릴 틈새 없는
꾸불꾸불 골목길
닥지닥지 연이은
거품 문 꼬방집들

한 잔술
두 잔술
얼큰한 취중에
물오른 영계타령

핫팬츠 미니스커트
아랫도리 다 드러내도
흉이라 할 수 없는
꽃샘 파는 소녀들

방년 십오 세 방년 십팔 세
삼삼오오 떼를 지어
스쳐가는 취객들
호객하는 뽀뿌라마치

알 까기 병 따기 홀딱 쇼
베리 베리 버라이어티쇼
오입은 기본
맥주 반 박스 일금 팔만 원

삐꺽거리는 다락방 흘레붙는 재미 좋아
술 쩔은 똥파리들 쉴 새 없이 드나드는
여기는 부산광역시 사상구 감전동
뽀뿌라마치

2002/12/17/03:25

제2부

재수 없는 놈,
로 자빠져도 코가 깨진다더니

완월동玩月洞

달아 달아
밝은 달아
은유시인이 놀던 달아

휘영청 밝은 달
두둥실 떠오르는 동네
해거름이면
남정네 맞으려
푸시시 깃털을 곧추세우는 곳

땅거미 기울면
거나해진 취객들
삼삼오오 떼를 지어
명월관이다 향춘각이다
이리 기웃 저리 기웃
여기는
남부민동 588번지

핑크빛 무드 속에
분칠로 칠갑된 인형각시
흐드러진 한복입고

다소곳 숙인 자태
때깔도 곱지

어영차 이끌려간
한 평 공간속
더블침대 티브이 비디오 오디오
한 살림 차린 또 다른 세상
시큼한 살내음
비릿한 정액내음
골수에 절어있는 곳

순결을 바친다
젊음을 바친다
사랑을 바친다
인생을 바친다
그리고
그대 영혼을 바치고

살과 살이 부대끼고
털과 털이 뒤엉키고
까부라지고 자지러지고
울고 웃고
웃고 우는
피안彼岸으로의 도피

오럴로
발정 난 뭇 사내의
정액을 걷어 들이는
여기는
휘영청 달 밝은
완월동이라지?

2002/12/17/02:40

지하철에서

예닐곱 살 한 아이가
지하철 칸칸 누비며 구걸하는 할머니에게
가지고 있던 동전 몇 푼 건네었다
중년의 아이 어머니 아이에게 속삭이는 소리
　　　– 아들아, 이 할머니에게 돈 줘봐야 소용없어 왜냐하
　　　　면 이 할머니 힘쎈 아저씨들한테 돈 다 뺐길 거거든

우리 막돼먹은 사회는
나이 어린 아이들이나
지체 장애인들이나
늙고 힘없는 이들 잡아다
앵벌이 시키는 검은 손들이 여전히 성업 중이다
더 막돼먹은 경우
사지가 멀쩡한 아이들
사지 떼어내어 병신 만들고
척추 박살내어 앉음뱅이 만든다
멀쩡한 아이들보다 병신이 앵벌이 적격이라며……

아이야
그렇다고 그런 불쌍한 이들 그냥 지나칠 수야 없지 않겠니?

2002/12/21/21:04

제발, 퇴임 후 존경받는 대통령이 되옵소서

이승만
고집스런 독재자요
아집에 사로잡힌 늙은이라
결국 등 돌린 민초
타국 떠도는 망령밖엔 더 됐으랴

박정희
천운을 타고난 반란괴수로
히틀러 버금가는 유아독존이라
만년 대통령직 고수하려다
믿는 도끼에 발등 찍힐 줄이야

전두환
조폭 보스다운 두둑한 뱃장에
의리로 착각하는 소영웅주의 맹신도라
물태우 내세워 수렴청정하려다
호되게 뒤통수 걷어차일 줄이야

노태우
무능력과 교활함이 주특기며
호랑이 없는 굴을 어쩌다 운좋게 차지한 토끼라

차라리 터럭만큼 의리라도 있었더라면
퇴임 후 그다지 고달프지 않았을 줄 어찌 알았으랴

김영삼
알고 보니 허울뿐인 민주투사라
최연소 기록 걸신에 특기라곤 단식투쟁이니
아이엠에프가 뉘 탓이냐 내 탓이냐
지금부터라도 수신제가치국평천하를 새로 익히소서

김대중
전직 국가원수도 예우상 함부로 평할 수 없거늘
현직 각하를 어찌 평하리오
각하는 후일에 다시 정중히 평할 것인즉
남은 임기를 욕되지 않게 하소서

노무현
고졸 학력으로 자수성가한
외유내강의 입지전적 스타일
칠전팔기 불굴의 의지에 천운까지 더했으니
서민위한 개혁정치 결코 중단하지 마옵소서.

2002/12/23/20:06

은근히 부담을 주는 그 어떤 사람

그 어떤 사람이
내 옷깃에 떨어진 비듬을 털어주며
내게 퍽이나 다정한 척 다가온다
나 그에게
가급적 좋게 보이려
친절을 한껏 가장해보인다

그 어떤 사람이
자신에게 없는 것들이 내게 그리 많다며
내가 그리 부럽다 말한다
나 그에게
그런 것들이 결국 부질없는 것이라며
짐짓 겸손을 가장해보인다

그 어떤 사람이
자신의 없음을 한탄하며
내게 여러 개 있는 것 중 하나를 달라고 한다
나 그에게
행여 마음 상할까 가슴 졸이며
오히려 부족하여 더 구하는 중이라 말한다

그 어떤 사람이
자신에게 꼭 필요한 것이라며
내게 오직 하나뿐인 그것을 달라고 한다
나 그에게
내게도 꼭 필요한 것이겠기에
무리해서 구했노라고 말한다.

※ 세상엔 참으로 몰지각하고 염치없는 사람들이 그리 많아요.

2002/12/27/23:07

걸레가 되기 위해 태어난 걸레

내가 자주 찾는 주유소는
휘발유 삼만 원어치 넣으면 무료세차권 한 장씩 준다
그렇게 해서 모아 둔 세차권이
정작 사용치 못한 세차권이 어느덧 서른 장이 넘는다

그런데 어느 날
주유소 주인이 바뀌었다하여 애써 모아둔 세차권이 무효라 한다
택도 없는 소리라고 악을 쓰며 따진 즉
새 무료세차권 넉 장을 선심 쓰듯 쥐어준다
여전히 손해 보는 기분이 들었지만
그거라도 어디냐 싶어 세차를 미루다 괜히 손해 봤음을 감수한다

그런데 어럽쇼, 이게 웬 떡?
못 보던 양피지 같이 희고 고운 걸레들이 바람에 나불거린다
주유소 직원들 내 차 껍데기 닦는 동안
은근 슬쩍 그 걸레 하나 쥐어들고 차 안 구석구석을 닦아 낸다
금방 시커먼 땟물에 절어 전혀 아까울 것 없는 걸레로 변한다

그리고는 운전석 발밑에 일부러 떨궈 놓은 걸레

- 세차 끝, 안녕히 갑쇼!

주유소직원들의 합창소리에 짐짓 유유히 빠져 나온다

하이타이 락스 풀고 담갔다가 빨았더니
희디 흰 양피지 질감 뽀동뽀동한 감촉 또한 절로 살아나온다
물 먹으면 살살 펴지고 부드럽기까지 하여
가구며 유리며 시원스레 닦여도 먼지 하나 남기지 않는다

오호라, 너야 말로
진짜 걸레가 되기 위해 태어난 진짜 걸레로구나!

※ 걸레만도 못한 사람들로 바글거리는 세상에서
걸레의 소중함을 만끽해 보다.

2002/12/28/04:04

피박인생

살아오면서
그래도 끈질기게 살아오면서
재수는 더럽게 없는
그런 재수 없는 사람이 있다

생김새부터
피골이 상접하고
궁티가 절절 흐르는
업수이 여기게끔 생긴 사람이 있다

태어날 때부터
찢어지게 가난한 집에서
열이 넘는 자식들 가운데서도 푼수로 태어나
부모사랑 한번 못 받아 본 그런 사람이 있다

살아오면서
그래도 나름대로 열심히 살아오면서
무엇 때문에 왜 사는지 조차 모르게 열심히 살아 온 사람이
있다

남들 다 가는 장가한번 못 가보고

남들 다 낳는 자식하나 못 낳아보고
남들 다 가져보는 자가용하나 못 가져보고
남들 다 가져보는 집하나 못 가져보고
남들 다 해보는 취직 한번 못 해보고
남들 다 해보는 빠구리 한번 못 해보고
못 가져보고 못 해본 것이 그리도 많은 없는 투성이의 사람
이 있다

잃을 것이 없으니 피바가지 쓸 일이 없고
피바가지 쓸 일이 없어 그것이 다행이라 할 수 없는
오히려 피바가지를 한번쯤 써보고 싶어 하는 피박 같은 인생
의 사람이 있다

고스톱 판에서
피박 쓰는 것만큼
재수 드럽게 없는 게 없다고 했는걸

그는 좀 전에도
햇볕이 따스한 양지바른 담벼락을 등지고 앉아 두런두런 중
얼거려 본다
- 거 내게도 누구 한번 피박 좀 씌워 봐, 어떤 맛인지 나도 맛
좀 보게스리…….

2002/12/28/20:17

우물 안 개구리

우물 안도
나 개구리에겐 결코 좁지 않은 세상
동그랗게 뚫린 하늘 아무리 넓다한들
결국 동그랗게 말린 내 손가락 안에 드는 것을……

반 평 공간일지라도
거기 나 뛰놀기 충분하다면
더 너른 바깥세상 있다하여도
내게 닿지 못할 곳이라면 부질없으니……

우물 안도
나 개구리에겐 결코 좁지 않은 세상
내 살기 만족하면 그것이
내가 살아가야하는 세상인 것을…….

※ 註 : 웬만하면 더 욕심 부리지 말고 지금 상황에 만족하고 살라는 뜻이다.
괜히 욕심만 부리다 한평생 망치려 들지 말고…….

2002/12/30/01:30

기네스북 오총사

기네스북에는 세상의 여러 진기록들이
아주 많이 기록되어 있다지만
끄트머리 부분엔 악질 독재자 오총사란
진기한 기록이 담겨 있는 거
아무도 몰랐을 거다

기네스북에는 최고의 기록들만 기록되는데
악질도 최고가 있기 마련
최고의 기록을 세우는 게
아무나 할 짓이 아니라는 거
알만한 이들은 다 알거다

우간다 이디 아민
필리핀 페르디난드 마르코스
북한 김일성
이라크 사담 후세인
그리고 아! 대~한민국 박정희

알다시피 이들 오총사가
칼잡이처럼 칼을 잘 쓰는 것도 아니다
주먹이 세서 한방에 상대를 쓰러뜨리는 것도 아니다

머리가 유별난 박사출신도 아니다
천년에 한번 다가올까 말까한 절호의 기회를 맞아
한번 잡은 기회를 절대로 놓치지 않는
그야말로 악바리 같은 근성 하나 가지고
한 국가를 한 세대를 휘둘러 온 것이다

이디 아민은 죽었다
페르디난드 마르코스도 죽었다
김일성도 죽었다
박정희도 죽었다
그러나 사담 후세인은 살아 있다

오늘 미국의 부시가
후세인을 죽이려 한다
그래야
기네스북의 오총사 명단에
당당히 오를 수 있다나.

※ 미국의 이라크 침공 소식을 접하면서…….

2003/03/20/23:48

채팅 대화창을 들여다보며

- equus6310(equus6310)님이 종로음악다방에 입장하셨습니다
- Master(lifycle)님이 채팅서버에서 나가셨습니다
- 보슬님이 잠수모드를 선택 하였습니다
- 예리(faiths2000)님이 종로음악다방에 입장하셨습니다
- 무근김치김현님의 잠수모드가 해제되었습니다

그 안엔
수많은 머리 아이콘들이 가지런히 올라가며
글줄을 쏟아낸다
색색의 글줄을……
가지가지 내용들을……

무근김치김현 ▶ 오늘 심해요 다운이가요 ^&^
하얀바람 ▶ 벅스가 오늘 완죤히~~
무근김치김현 ▶ 벅벅
하얀바람 ▶ 벅스 전체 1등... 종로음악다방
하늘색향기 ▶ ^^*
equus6310 ▶ 또 잡아가려고 하네요~
무근김치김현 ▶ 당근이죠 ㅎㅎㅎ
하늘색향기 ▶ ㅎㅎㅎㅎ

무근김치김현 ▶ 아고 내손 잡아요
딸기 ▶ 아쉽당..ㅎ
무근김치김현 ▶ 느낌님 미워
딸기 ▶ 담에 올께요... ㅎㅎㅎ
하늘색향기 ▶ 네... 또 오세요
제주行기차 ▶ 무근 김치님
칼리 ▶ 종방아닌데요

- 미운겨울님이 잠수모드를 선택하였습니다
- 딸기(whtns65)님이 종로음악다방에서 나가셨습니다

하늘색향기 ▶ ㅎㅎㅎㅎㅎ
제주行기차 ▶ 부산 오신다더니
무근김치김현 ▶ 종방아닌데
무근김치김현 ▶ 예 기차님
제주行기차 ▶ 왜 먼길을 오실려구여
제주行기차 ▶ 부산 첨 이시져
무근김치김현 ▶ 오늘 만나리까 꼬셔볼게요 기차님 ㅎㅎ
제주行기차 ▶ 음방하신다구 목이 걸걸하실텐데...

그 안엔
즐거움이 있다
그리움이 있다
안타까움이 있다
그리고

슬픔과 분노와 희망과 절망이……
인생의 모든 것들이 담겨있다.

※ 채팅에 목을 매는 사람들…….

2003/10/16/14:06

2천5백 원에 부아가 치미는 사연

모처럼 옛 친구들 모인 회식자리
2차다 3차다 시간은 자정을 넘기고
버스 지하철 모두 끊겨
택시를 타고 보니 주머니 속 단돈 8천8백 원
기사양반에게 몽땅 쏟아 부으며
　　– 미안한데요. 감천 은광가스충전소에 가려는데 돈이
　　　모자랄 거 같아서요
　　　8천8백 원어치만 태워주시렵니까?
　　– 까짓, 아예 그곳까지 8천8백 원에 모셔드리죠
　　– 그리 해 주신다면 정말 고맙습니다

택시는 총알같이 내달리고 메타기도 숨 가쁘게 올랐다
그런데 웬걸?
막상 도착하고 보니 메타기에 표시된 금액은
6천3백 원
할일 없이 꾸무럭대는 기사양반
말로만
　　– 잔돈을……

어찌하랴
잔돈 돌려 달라 손 내밀기 차마 민망해

억지 호기 부릴 수밖에

— 괜찮습니다 어차피 미리 드린 돈, 팁이라 생각하시지요

괜히 미안해했고
괜히 고마워했고
괜한 돈 2천5백 원까지 손해 보았으니
생각할수록 은근히 부아가 치밀 수밖에…….

2004/08/10

재수 없는 놈
뒤로 자빠져도 코가 깨진다더니

10만원으로 한 달을 너끈히 살아가는 김 씨란 사내가 있다
어느 날 저녁 잘 나간다는 친구 놈 여럿이 김 씨를 불러내었다
간단히 술 한 잔 하자며
그래서 김 씨는 꼬불쳐 둔 돈 가운데 10만원과
오갈 차비 5천원을 안주머니에 고이 넣고
보무도 당당히 약속장소로 나갔겠다
　　　– 까짓 밥 한 끼 쏘지 뭘
이날 나온 친구 놈들은 모두 일곱 놈
　　　– 만 원짜리 먹더라도 2만원은 남겠군
그런데 어럽쇼 이놈들 처음부터 누구 기죽일 일 있나?
말로만 듣던 광어회에 쐬주가 아닌 양주타령
게다가 입가심으로 전복죽까지
머릿속으로 아무리 뚜드려 봐도 계산이 나오지 않아
말로만 듣던 광어회 목에 걸리고
　　　– 양주는 독해서 대신 맥주를 마시겠다
짐짓 사양했지만 양주 좋은걸 김 씨인들 왜 모르겠나
횟집주인장 눈이 삐었는지 골리려는지
계산서를 하필 김 씨에게 은근히 전해 올리는데
흘끔 들여다보니 일금 62만7천원
친구놈들 우르르르 자리에서 일어나는데

참으로 재수 옴 붙었다 싶었다
떡대란 놈 롤렉스시계 번뜩이며
　　- 어이 주인장 계산서 주소!
일갈에 김 씨 모기소리로
　　- 계산은 내가 하꾸마
떡대란 놈 왈
　　- 그럼 2차는 니가 사면 될 거 아이가
김 씨 조금은 용기를 내어
　　- 그럴까?
친구 놈들 와르르르 몰려간 곳은
온천장에서도 물 좋기로 유명한 1급 룸살롱
쭉쭉 빵빵 아가씨들 대가리수대로 들어와 살포시 앉고
거 이름도 고약한 시바스리갈인지 로얄살루트인지
놈들 맥주 마시듯 양주 들이키는데
부어라 마셔라 저마다 흥청거리고
제 아가씨 떡 주무르듯 주물러가며 기분을 내지만
김 씨야 옆 아가씨 손목 한번 잡아보기는커녕 얼굴 한번 똑바로 못보고
소태 씹은 얼굴로 양주가 입으로 들어가는지 코로 들어가는지
그렇게 서너 시간 죽어라 마셔댄 술값이 자그마치 3백2십만 4천원이라
김 씨 눈앞이 캄캄하고 두 다리 휘청거려 걸음도 못 옮기겠는데
우거지란 놈 악어가죽지갑 척 꺼내들더니

– 마 야들 팁은 내가 주꾸마 대신 2차 가는 건 너거들
이 알아서 혀라
라며 10만 원권 자기앞을 다발로 꺼내 들더니
석장씩 인심 쓰듯 나누어주고는
제 파트너에겐 특별히 한 장을 더 얹어준다
김 씨 계산서 다소곳 대령한 덩치 좋은 고릴라상의 지배인
에게
짐짓 호기를 가장하기를
– 내 오늘 지갑을 빠뜨리고 왔는데 낼 오후에 내게 와
서 받아 가슈
똥배란 놈 덩치 좋은 고릴라상의 지배인 어깨를 뚜드리며
– 박 형 여기 김 사장 앞으로 이집 단골 될 낀데 잘 모
시도록 하슈
덩치 좋은 고릴라상의 지배인 의외로 굽실거리며
– 예 사장님 그리합지요 대신 여기에 사인과 전번
을……
친구 놈들 제각기 아가씨 하나씩 꿰차고 뿔뿔이 흩어지는데
김 씨 비틀거리며 택시를 잡느라
이리 뛰고 저리 뛴다
그 흔한 게 택시인데
오늘따라 택시 잡겠다는 놈들이 왜 이리 많은지…….

2004/08/11

니나노 집 풍경

땅거미 뉘엿해지면 한잔 술과 계집 속살냄새 이끌리어 발정난 수놈들 모여들고 저마다 찍어놓은 계집 찾아 허겁지겁 구멍 속으로 숨어든다 야트막한 기와지붕 처마 밑으로 백 촉 전구 밝혀놓은 조막만한 방들 연이어 붙어있는 형상이 마치 병든 수캐 자빠져서 눈 까뒤집고 겔겔거리는 모습이다 술집마다 제대로 된 간판 붙어 있을 리 없건만 흙먼지 뿌옇게 덮어쓴 채 색 바랜 간판글씨 목포집 개성집 평양집 함양집 마산집 울산집 양산집 덕포집…… 뭔 일편단심이라고 한결같이 고향내음 일색이다

쌀뜨물인양 걸쭉한 막걸리 시큼시큼 묵은 냄새 풍기며 주전자에 담겨 나오고 막사발과 수저 뒤엉켜 제짝 맞춥네 아우성이다 삶은메추리알 꿀물절인땅콩 멸치볶음 두부튀김 농익은 김치 간장종지 그 비좁은 한가운데 미어터져라 들어선 다라이만한 파전이 한 상 그득하다 늙은 오빠들 애기 같은 색시 하나씩 꿰차고 앉아 마냥 흥겹다

– 자야 숙아 희야 뭐 하노? 오래비들한테 술 한 잔 따라 보그라

고놈의 가시나들 옹냐 하니 간드러진 애교로 사내 품 파고들며 코맹맹이 소리, 벌써부터 애간장 바싹 녹이려 든다

– 오빠야 밉다, 뭐 올 만에 왔으면서 뭔 큰소리냐?

한잔 술 두잔 술 거나해지면 터져 나오는 것 육자배기 딴따라라 숟가락 장단 젓가락 장단 손바닥 장단 절로 흥 돋우고
– 두마안강…… 퍼어런…… 무울에…… 떠…… 나아
가는…… 김 사아…… 앗갓……
니기미 악 쓰듯 쏟아내는 타령 목쉬는 줄 모르고 벌컥벌컥 따라주는 대로 들이킨 막걸리 오줌통만 빵빵해지더니 덩달아 간땡이 불대로 부어 그만 배 밖으로 튀어 나온다 말끝마다 이놈도 씹새끼고 저놈도 개새끼다 시상에 지만큼 잘난 놈 없고 지만큼 똑똑한 놈 없다 유두주 계곡주 타령에 통금 다가온다고 쫒을 궁리하는 쥔과는 사뭇 달리 마냥 느긋하다

돈 없는 사내야 늘상 신용이야 있든 없든 손가락에 혓바닥 침 듬뿍 묻혀 허공에 찍 그어 보이면 그걸로 술값 계집값 계산 끝이다.

2004/08/12

공존共存

악마의 심성을 지닌 얼라와
천사의 심성을 지닌 얼라가
피터지게 싸운다

악마의 심성을 지닌 얼라는
모든 것이 불만이고
천사의 심성을 지닌 얼라는
모든 것이 만족이다.
그 때문에 그 둘은 피터지게 싸운다

내 안에서…….

2004/11/06/17:47

슬프고 괴롭고 노여움이 북받칠 때엔

그래도 가장 행복했었던 순간을 떠올려라

※ 좋지 않은 감정을 품고 지내는 것은 결국 자신을 해칠 뿐이다.

2004/11/06/16:56

욕심비우기

서랍이 수백 개 있으면 뭘 해?
그 안에 뭐가 들었는지 일일이 기억 못하면 있으나마나지……

주머니가 수십 개 있으면 뭘 해?
그 안 그득 채울 게 없다면 빈 주머니 따윈 있으나마나지…….

※ 외출할 때 동전주머니 하나만 있으면 족한 은유가…….

2004/11/07/20:50

어느 사기꾼

생긴 것은 멀쩡하다 아니, 잘났다 훤칠한 키에 이목구비가 시원하고 어찌 보면 지적이다 차림새도 깔끔하다 반지르르 닦은 구두하며 금장 카후스 버튼은 기본이고 대부분 걸친 것들이 비싼 것들이다 고급스런 악어가죽지갑에 고액권을 다발로 넣고 다니고 돈을 기마이로 잘 쓴다 그야말로 매력과 매너가 철철 흘러넘친다

자, 이만하면 제비족으로 나서서 여자들 등쳐먹고도 얼마든지 잘 살 수 있을 것이다 그런데 그는 그럴 생각은 추호도 없다 여자들이 줄줄이 붙어 원하지도 않는 제비노릇도 더러 해봤지만 그가 하고자하는 일은 뭉 돈 억 단위의 돈을 쉬 벌게 해주는 일들이다

그런 그가 그 비결을 내게 귀띔을 해 주었다

이왕 죄짓고 돈 벌 바에야 사기만한 기술도 없겠더라고 얼빵한 놈들이 너무 많아서 사기 치기도 쉽고 말이야 잡히면 어떡하냐고? 흉악범죄도 아니니 짭새들 따라붙을 일 없고 잡혀봐야 깜빵 갈일 없더라니 함 생각해봐 만 원짜리 훔치다 잡힌 도둑놈보다 억대 사기치고 잡힌 놈이 죄가 더 가벼우니 남아로 태어나서 해볼 만한 일 아닌가

그리고 요즘 그만한 죄도 안 짓고 사는 놈들 있음 나와 보라고 해봐 없지?

2004/11/08/03:40

우리, 죽은 듯이 있자

잘난 세상 잘난 놈이 너무 많아
나서기는커녕 우리,
죽은 듯이 웅크리고 있자

이놈 저놈 집적거리는
사타구니가 아무리 가려워도 우리,
긁지 말고 죽은 듯이 있자

쌔근거리는 숨소리마저
죄스럽기만 한데 우리,
쥐 죽은 듯이 숨죽여 있자.

※ 전공노(전국공무원노조)의 총파업 찬반투표 강행과
이를 저지하려는 경찰을 지켜보면서…….

2004/11/09/18:30

내께 내 것이고, 네께 내 것이고

누군가가 말했다
내께 네 것이고, 네께 네 것이고……

누군가가 말했다
내께 내 것이고, 네께 네 것이고……

누군가가 말했다
내께 내 것이고, 네께 내 것이고…….

※ 저마다 욕심 많은 세상이 되어…….

2004/11/11/08:48

있잖아요

　　– 있잖아요
누군가가 자꾸 집적거린다
　　– 있잖아요
누군가가 자꾸 눈을 맞추려든다
　　– 있잖아요
누군가가 자꾸 자기 얘기를 들어달라고 한다
　　– 그런데, 있잖아요
누군가는 끝내 할 말을 마저 꺼내지 못하고 되돌아선다.

※ 자기 말만 하려들고 남의 말은 들으려하지 않는 말 많은 세상에서…….

2004/11/11/01:30

돈 버는 건 참으로 쉽다

골짜기 땅 3천만 평만 사라
그리고
행정수도 그리 옮기도록 100억 쓰며 로비해라.

※ 행정수도 이전문제를 놓고 왈가왈부하는 것은
돈 벌기 위한 수작이라는 것.

2004/11/12/02:47

오체불만족五體不滿足

팔다리 없어 오체불만족스럽긴
오토다케 히로타다乙武洋匡만이 아니다
멀쩡한 팔다리 있어도
오체불만족스럽긴 마찬가지다
차라리 없다면 욕심이 덜한 것이
있음으로 해서 오히려 욕심내기는 더한 것이다
가지 많은 나무에 바람 잘 날 없다고
오체가 있음으로 더욱 불만족스러운 것이다

왜 사람들은 죽는 그 순간까지
오체불만족해야하는가

구걸통을 질질 끌며 땅바닥을 기는 자여
청승맞은 가락 싣고 삼발오토바이 끄는 자여
세상엔 멀쩡한 오체불만족이 더 많다는 것을……

　　– 야, 이 팔다리 없는 놈아!
　　– 뭐라고? 이 팔다리 있는 놈아!

※ 註 : 있을 만큼 가졌다하여 만족한 게 아니다.
더 갖기 위해 불만족한 것이다.
(많이 가졌으면서도 더 가지려는 자들을 향해…….)

2004/11/12/02:19

그와 내가 생각이 다를 수밖에 없는 것에 대하여

사람이 여태껏 살아온 환경이며 생각의 틀이 다를 수밖에 없듯이 생각 또한 얼굴 생김새만큼이나 다를 수밖에요 그의 생각이 내 보기에 꽉 막힌 외골수 생각일지언정 그가 주장하고 있는 것만큼이나 그 자신에겐 옳을 수밖에요 그런 그에겐 내겐 더할 나위 없이 현명한 내 생각조차도 크게 어리석다 여겨지는 겁니다 무릇 현명함이란 내 생각이 더 현명함에서 오는 것이 아니요 그의 생각을 더 현명하다 인정할 때 오는 겁니다.

※ 남을 이해하려들지 않고 남의 생각을 무조건 그르다고
단정 짓는 사람들에게…….

2004/11/16/02:21

바퀴벌레

부산 바퀴는 서울 바퀴보담 훨씬 크고
피웅 피웅 날아다닌다
그래서 애 떨어진 여자 한둘 아니다

한동안 바퀴가 눈에 잘 띄질 않더니
요즘 살 판 난 듯 떼 지어 집안을 휘젓고 다니는데
몸집이 작아진 대신 종류가 가지가지로구나
검고 딱정벌레 닮은 바퀴며
갈색 날렵하게 생긴 바퀴며
콩알만 한 삼엽충 닮은 바퀴며……
홀아비 냄새 맡고 떼거리로 몰려왔느냐
겁도 없는 놈이 키보드 위까지 기어 다니며 만용을 부리는데

네 이놈, 바퀴야!
먹다 남긴 커피 잔 속에 행여 다이빙은 하덜 마라
싸늘히 식은 커피
일부러 아껴두고 남긴 것을…….

※ 날아다니는 큰 바퀴는 무섭다지만, 쬐맨한 바퀴는 귀엽기만 하더라.

2004/11/16/02:58

쓴 소리와 악다구니

– 다 네놈 잘되라고 하는 소리야

쓴 소리란
난 인간이 덜난 인간에게 잘되라고 내뱉는 소리
쓴 소리란
든 인간이 덜든 인간에게 잘되라고 내뱉는 소리
쓴 소리란
된 인간이 덜된 인간에게 잘되라고 내뱉는 소리

그런데 듣는 인간은 한결같이 악다구니로 듣는다.

※ 註 : 도움이 안 될 잔소리는 이제 그만하자.

2004/11/16/02:58

아르바이트 급구

오가는 길목 대성인쇄소 한쪽 벽엔
　　　　- 아르바이트 급구
광고쪽지가 붙어있다
가까이 다가간 즉, 부언하기를
　　　　- 포토샵 능력자
글귀가 눈에 들어온다
　　　　- 오잉? 그건 내 전문 아니던가?

　　　　- 학교앨범전문 인쇄소라 지금이 한창 바쁠 때라지?
　　　　- 시간당 얼마나 쳐줄라나……?
　　　　- 하루 일당 얼마나 쳐줄라나……?
머릿속엔 수북하게 쌓인 돈다발이 떠오르는데
정작 사무실 향한 가파른 계단으로 발길이 닿지 않고
늙은 것도 흉이라며 돌아섰다.

※ 註 : 어느덧 늙은 것을 흉으로 느끼기 시작한 은유가…….

2004/11/16/02:58

제3부

승례문아 잘 타 버렸다

행렬行列

언제부터인지 내 알 수 없는 까마득한 옛적부터
지금도 앞으로도 그 행렬은 끝없이 이어지리라했다
오와 열을 맞춰
끊임없이 끊임없이 사람들이 지나간다
이 많은 사람들이
어디에서 오며 어디로 가는지
행렬의 시작도 보이지 않고 끝도 보이지 않고
내딛는 발걸음으로
지축이 흔들리고 흙먼지 자욱한데
행렬 따라가려해도 끼워주지를 않는다

- 어디서 오는 길이요?
- 어디로 가는 길이요?

한결같이 표정 없는 얼굴들이
한결같이 앞만 보고 내딛는다

- 나도 좀 끼워주시오.
- 내 자리 좀 내주시오.

행렬은 철옹성처럼 완강하여 낄 자리를 내주지 않고
여전히 흐트러짐 없이 유유히 흘러간다
어디를 향해 가는 것인지
무엇 때문에 가는 것인지
아직까지 아는 사람은 아무도 없었다.

※ 註 : 사람들 살아가는 이유들이 다 가지가지더군요. 잘 먹고 잘 살기위해 산다는 사람도 있고, 자식 출세하는 거 보기위해 산다는 사람도 있고……. 그런데 정작 죽을 때 되면 왜 살아왔는지, 왜 죽어야하는지 그 까닭을 아는 이가 없다지요.

2004/11/17/03:34

사형선고

　　- 피고 김말똥은 일어서시오

피고 김말똥은 힘없이 일어섰다
높다란 좌대위의 배석판사들 모습이 어른거렸다

　　- 피고 김말똥은 여차여차해서 여차여차하니……

재판부는 과연 준엄하였다
그리고 추상같은 판결을 내렸다

　　- 피고 김말똥, 사형!

순간, 무너져 내린 하늘에 깔렸다
하늘이 푹신한 이불처럼 느껴졌다.

※ 최악의 상황은 사람을 오히려 덤덤하게 만든다.

2004/11/18/16:54

저승사자

- 이제, 갈 때가 되었다. 준비되었느냐?

검은 갓에 검은 도포자락 휘날리며
영혼을 접수하러온 사신이 재촉한다

- 이제, 내놓을 때가 되었다. 준비되었느냐?

바늘로 찔러도 피 한 방울 나지 않을 듯한
모든 것을 빼앗으러온 빚쟁이가 재촉한다.

※ 저승사자나 빚쟁이나 보아하니 한 통속이다.

2004/11/18/17:28

어느 광인狂人의 독백

초점 흐린 시선으로 먼 하늘 응시하며
뜻 모를 궁시렁 끝에 내놓은 외마디
　　　- 에이 뒈져라, 쒸발놈들아!

남루한 바랑 속에 세상 허접 긁어모으며
헤진 사타귀 삐져나온 남근 부여잡고 쏟아낸 외마디
　　　- 에이 좆까라, 쒸발놈들아!

※ 미친놈도 세상 더러운 건 안다.

2004/11/19/05:07

하나님, 우리 하나님

저 하늘 높은 곳에 계신 우리 하나님
하나님의 위용은 우주에 감히 거스를 자 없나이다
따라서 이 우주만물 모든 것이 다 하나님 것이오니
하나님은 우주만물은 물론 우리 인간의 영원한 주인이시옵니다
아멘……

대신,
저희가 자자손손 대이어 부귀영화를 영원히 누리도록 보장해 주시옵고
저희가 어떠한 죄를 짓더라도 보고도 못 본 척해 주시옵고
저희가 쫓는 물질적 욕심과 말초적 쾌락을 어여삐 굽어 보시옵고
행여 저희가 죽어서라도
지은 죄를 추궁당하는 일만큼은 결코 없도록 간구하옵나이다
아멘……!

※ 註 : 오늘도 대부분의 크리스천은 하나님 앞에 무릎 꿇고 두 손 모은 뒤 이렇게 기도하고 있을 것이다. "나와 내 가족만이라도 영원히 잘 살 수 있게 도와주시옵소서!"

2004/11/19/05:07

고해성사

신부님,
하나님 말씀에 간음하지 말라했거늘 전 하루에도 수십 번씩 보이는 여자마다 탐하며 간음한답니다 젊고 예쁜 여자들만 보면 그 여자들의 겉꺼풀을 하나씩 벗겨가며 흠집하나 없이 뽀얗고 탄력 있는 속살을 그려본답니다 봉긋하게 치솟은 말랑거리는 유방을 그 끝에 매달린 앙증맞은 열매를 가녀리고 매끈한 허리를 거쳐 둥글고 탱탱한 볼깃살을 만져본답니다 볼깃살 밑을 더듬다 보면 거뭇한 거웃 속에 묻혀 촉촉하게 젖어있는……

신부님,
하나님 말씀에 원수도 사랑하라했거늘 전 그 누구도 존경하지 않고 그 누구도 사랑하지 않는답니다 잘 먹어 개기름이 줄줄 흐르는 사람을 보면 구역질이 솟고 좋은 옷 입고 좋은 차 굴리는 사람을 보면 도둑놈으로 보인답니다 티브이에 나와 이렇다 강의하는 석학을 보면 그 구린 똥구멍이 떠오르고 신부님이나 스님들 보면 그들의 딸딸이 치는 모습이 그려진답니다 대통령이라 하여 만인 앞에 똥 폼 잡지만 지 여편네한텐 꼬집히며 쥐여살리란 생각에…….

※ 註 : 누구나 고해성사를 할 때마다 늘 똑같은 고백을 할 수밖에 없습니다. 자신의 못된 버릇을 절대 고치려하지 않기 때문이지요.

2004/11/20/07:07

훈계訓戒

밥 먹는 자리에서 한 어르신이 지그시 훈계를 한다

- 숟가락질은 반드시 오른손으로 해야 쓰느니……

오른손잡이 아이는 그 말을 따라 오른손으로 숟가락질한다
왼손잡이 아이도 그 말을 따라 오른손으로 숟가락질한다

오른손잡이 아이는 오른손으로 숟가락질을 잘한다
왼손잡이 아이는 오른손으로 숟가락질을 못한다.

※ 註 : 훈계란 사람 따라 달리 먹힌다.
훈계랍시고 택도 아닌 소리를 함부로 지껄일 게 못 된다는 것이다.

2004/11/21/07:23

훈수꾼

장기판에서 유난스레 훈수들기 좋아하는 사람이 있제
　　- 장 받으라카이……

고스톱 판에서 유난스레 훈수들기 좋아하는 사람이 있제
　　- 흔들으라카이……

남의 인생 중간에 끼어들어 훈수들기 좋아하는 사람이 있제
　　- 니 그 카면 돈 억수로 벌 수 있다카이……

그런데 훈수꾼들 말 들어 제대로 되는 것 하나 본적 없다.

※ 註 : 훈수꾼들은 원래 무책임하다.
따라서 훈수꾼들 말 듣다 망한 사람들 무지기수다.

2004/11/21/07:48

어느 술 취한 자의 술주정

늦은 시각 지하철 객실 안에서 웬 사나이가 혼자서 떠들어대고 있었다 얼굴색이 불콰한 것으로 보아 제법 술에 취한 모습이었다 객실 안은 크게 붐비지는 않았으나 빈자리가 없을 만큼 사람들이 제법 있었다 모두들 그 사나이의 말에 그다지 신경을 쓰지 않는 듯 팔짱을 끼고 눈을 지그시 감고 있거나 허접한 신문을 펼쳐들고 있거나 딴청을 피우고 있었으나 그 사나이의 떠드는 소리는 객차 안을 구석구석 감돌고 남을 만큼 컸다

난 말이야 천구백오십삼년 천구백오십삼년 오십삼년 생이야 오십셋이야 뱀띠지 난 말이야 마馬씨야 말 마씨 뛰는 말 마씨야 마광수 교수도 내 집안 사람이지 난 말이야 천구백오십삼년 천구백오십삼년 오십삼년 생이야 오십셋이야 뱀띠지 육이오 전쟁 끝나고 태어났지 난 장흥 마씨야 말 마씨지 뛰는 말 마씨야 마광수 교수도 내 집안 사람이지 난 말이야 천구백오십삼년 오십삼년 생이야 오십셋이야 박근혜도 나랑 동갑이지 한나라당 대표 박근혜도 오십셋 나랑 동갑이지 난 장흥 마씨야 박근혜는 다음 대통령할거야 여성 대통령인 셈이지 한나라당 대표 박근혜도 오십셋 나랑 동갑이지……

언제부터 시작된 술주정인지 알 수는 없어도 내가 중앙동역에서 타서 범냇골 역에 내릴 때까지 똑같은 말만 되풀이하고 있었다 사람들은 여전히 그를 무시하는 듯 딴청만 피워대고 있었다.

2005/05/18/23:11

뛴다 뛴다

뛴다 뛴다
꼴뚜기가 뛰니 망둥이도 뛴다
뛴다 뛴다
개망나니가 뛰니 철딱서니도 뛴다

뛴다 뛴다
목사님도 뛰고 땡중도 뛴다
금배지도 뛰고 읍사무소 서기도 뛴다
뛴다 뛴다
벼락부자가 뛰니 사기꾼도 뛰고
가짜가 뛰니 진짜도 뛴다
뛴다 뛴다
이놈 저놈 모두가 뛴다
나도 덩달아 뛴다

에고, 숨차.

※ 註 : 너도나도 설쳐대는 세상, 나라고 아니 설쳐댈 수가 없네.

2006/03/20/13:40

狂馬- I

한 사내가 있었지
한때는 정말 잘나갔지
지성인으로
시인 수필가 소설가 평론가로
학사 석사 박사로
유명사립대학교수로
얼마든지 문단의 실세로 자리매김할 수 있었지

어느 날부턴가
그 사내
갑자기 배알이 꼴리기 시작했던 게야
일을 저지르고 싶었던 게야
보이는 게 온통 거짓이고
만나는 이 온통 허울뿐인 허수아비들이고
내로라하는 것들이 온통 모순투성이뿐이니
괜히 긁어 부스럼 만들고 싶었던 게야

긁었어
아주 작은 것부터 긁기 시작했던 게야
그건 죄라 여기지 않았거든
누굴 해치거나

누굴 음해하거나
누굴 저주하는 게 아니었거든
그냥 있는 대로
단지 감춰져 있는 것을 살짝 드러냈을 뿐인 걸

따지고 보면
누구나 다 알고 있는 것들을
누구나 다 그리 느끼고 있는 것들을
누구나 다 그리 해봤음 하는 것들을
누구나 다 그리 해봤던 것들을
단지 살짝 드러냈을 뿐인 걸

법은 준엄했지
그 사내는 미친놈으로 판정 났지
세상 사람들은
준엄한 법에 따라
그 사내에게 돌을 던졌지

　　　- 미친놈!

그래서 그 사내는 스스로를 미쳤다고 했어
미쳤다고 공표하고 나니까 오히려 후련했던 게야
미친놈은 아무데서나 똥오줌을 갈길 수가 있거든
그래서 사내는 이놈저놈 얼굴에다 똥오줌을 갈겼어
문인이랍네 라는 놈들에게도 갈겼고

지식인입네 라는 놈들에게도 갈겼고
권력가랍네 라는 놈들에게도 갈겼고
돈 좀 지녔네 라는 놈들에게도 갈겼어

- 새끼들…… 저거들도 똥오줌 싸대면서 똥오줌 싸는
  게 뭐가 흉이라고……

사내는 오늘도 안 그런 척 하는 놈들 향해
무차별적으로 똥오줌을 갈기면서 통쾌함을 느끼며 산다네
모든 것을 다 잃었을지언정…….

2007/07/24/19:14

狂馬－Ⅱ

한 사내가 있었지
정말 잘나갔던 사내였지
그래서 잘나가는 걸 밑천삼아 뭔가를 까부수려했지
간이 좀 작아서 체제와 맞설 수는 없었지
그냥 작은 걸 건드려봤던 것인데
그게 자지보지야
아마 따라지 인생이 그랬다면
웃고 넘어갔을 일을
그 사내가 했기 때문에 더 난리였지

세상이 발칵 뒤집어졌지
결국 잡혀 들어갔지
검사왈 : 피고는 남자거시기와 여자거시기를 비하시켰나?
피고왈 : 남자거시기가 아니고 자지요 그리고 여자거시기가 아니라 보지요
판사왈 : 피고는 그런 말 함부로 쓰면 모독죄가 추가되오
(판사, 서기에게 '자지보지란 말은 삭제토록'지시)
검사왈 : 피고는 본 검사 질문에 대답을 아니 하였소
피고왈 : 거듭 말하거니와 남자거시기가 아니고 자지요 그리고 여자거시기가 아니라 보지요
판사왈 : 어허! 피고는 그런 말 함부로 쓰면 안 된다하질 않

았소
(판사, 서기에게 '자지보지란 말은 삭제토록'지시)
피고왈 : 그럼 자지를 자지라 하고 보지를 보지라 하지 거시기가 뭐요?
검사왈 : 재판장님, 피고는 아무래도 맛이 간 놈인 듯합니다 대충 넘어가입시다
판사왈 : 그럼 미친놈으로 판정하입시다

세상 사람들 그런 난리가 아니었지
서울사람1왈 : 대학교수물까지 먹은 놈이 그래 여자거시기를 거시기라했대
울산사람2왈 : 그놈 미쳐도 단디 미쳤드라 거시기가 뭐꼬?
충청사람3왈 : 그려유 뭘 몰러도 한참 모른당께유 거시기가 뭐유 거시기가 여자거시기를 갖꼬

- 미친놈!

그래서 그 사내는 이후부턴 아예 미친 척했지
그리고 자지보지를 외치고 다녔던 게야
그런데 어느덧 뒤에 누군가가 따라붙기 시작했지
자지보지를 따라 외쳐대면서

2007/07/24/20:14

狂馬－Ⅲ

한 사내가 있었지
그 사내가 꿈을 꾸었지
이런 꿈을 꾼 게야

사람들이 모두 코를 가리고 다녔어
말을 할 때도 코를 가렸고
밥을 먹을 때도 코를 가렸고
잠을 잘 때도 코를 가렸어
이상하지?
왜 코를 가릴까?
그런 의문도 잠시
미친놈 취급을 해서 어쩔 수없이 그 사내도 코를 가렸다지

근데 더 이상한 게 있었어
사람들 모두가 아랫도리를 드러내놓고 다니는 게야
남자들은 자지를 내놓고 다니고
여자들은 보지를 내놓고 다니는 게야
그뿐만 아니라
있는 놈들은 자지에다 치장까지 했고
있는 년들은 보지에다 치장까지 했지
자지에다 문신을 하고 자지 고리도 하고 다녔고

보지에다 문신을 하고 보지 고리도 하고 다녔어
남자들은 보지에다 코를 박고 냄새 맡는 게 여자에 대한 예의라 했고
여자들은 자지를 살짝 입에 물고 빨아주는 게 남자에 대한 예의라 했어

그런데 그 사람들
코만큼은 절대로 보여주려 하지 않는 게야
그래선지 코 마스크와 코 주머니가 유행하더란 게야
자지 빨 때도
보지 냄새 맡을 때도
한손으로 코를 가리더라고
덕분에 꿈속에서나마 자지를 실컷 빨려봤다더군

그 사내 그 꿈 얘길 하고 다녔어
그런데 모두들 그 사내더러 미쳤다더군

　　- 미친놈!

그 사내는 코 주머니를 하고 다녔지
그리고
여봐란 듯 자지를 내놓고 다녔지
알록달록한 문신에다 자지 고리를 하고서 말야.

2007/07/24/21:40

누가 석궁을 쏘았는가

누가 석궁을 쏘았는가?
편파적 무리를 향한 민중의 불만이다
누가 석궁을 쏘았는가?
비열한 무리를 향한 민중의 경고이다
누가 석궁을 쏘았는가?
치졸한 무리를 향한 민중의 응징이다
누가 석궁을 쏘았는가?
간악한 무리를 향한 민중의 처벌이다
누가 석궁을 쏘았는가?
무소불위 권력자를 향한 민중의 항거이다

민중은 귀머거리가 아니다
민중은 장님이 아니다
민중은 벙어리가 아니다
민중은 백치가 아니다
민중은 당신들 권력자와 똑같은 인간이다.

※ 재판 결과에 불만을 품고 재판장을 찾아가 석궁을 쏴 전치 3주의 상처를 입힌 김명호(51) 전 성균관대 교수 사건을 지켜보면서…….

2007/10/15/21:40

숭례문아, 잘 타 버렸다

아!
숭례문 불 잘 탔다
훨훨 잘 타버렸다
까짓 지키지도 못할 정조
역사 속에 영원히 잘 사라졌다
고리타분한 역사 따위가 뭔 대수인가

누가 이 땅의 애국자인가
누가 이 땅의 수호자인가
나만 잘 먹고 잘살면 된다는……
내 식솔만 잘 먹고 등 따수면 된다는……
우리 사랑스런 국민들이
그깟 숭례문 쪼가리에 관심인들 있겠는가

잘 타버렸다
훨훨 잘 타버렸다
아, 니기미 속이 다 후련하다!

20048/02/11

– 詩作노트

대한민국 국보1호 숭례문崇禮門이 불탔다는 뉴스를 보고 어처구니 없어서 사법정의구현연대 사이트에 시를 한편 써서 올렸다. 다 태워먹고 뒤늦게 통곡한들 무슨 소용이 있으며, 수천억 원 들여 대리석과 금은보화로 으리으리하게 재건축한들 무슨 소용 있으랴.

숭례문은 600년 가까이 이어져오던 대한민국 최고의 문화유산 중 하나로 국보1호로 지정되었으며, 조선시대 서울을 둘러쌌던 성곽의 정문으로 흔히 남대문南大門이라고도 부른다. 1396년태조 5년에 창건되었고, 1447년세종 29년과 1479년성종 10년 두 차례에 걸쳐 개축되었다. 숭례문의 현판 글씨는 《지봉유설》에 따르면 양녕대군이 썼다고 알려져 있으나 다른 의견들도 분분하다.

서울 4대문 및 보신각普信閣의 이름은 오행사상을 따라 지어졌는데, 이런 명칭은 인仁:동, 의義:서, 례禮:남, 지智:북, 신信:중앙의 5덕五德을 표현한 것이며, 숭례문의 '례'자도 여기에서 유래한 것이다.

2006년 3월 3일, 서울특별시는 숭례문이 도로에 의해 고립되어 버리는 것을 막고 시민들로 하여금 문화재를 가까이 하도록 하기 위해 숭례문의 중앙통로를 일반인에게 전격 개방하였다. 그런데 2008년 2월 10일 8시 40분경 방화범 채종기의 고의적인 방화로 불타기 시작해 약 5시간 후인 11일 오전 2시경 목조건물 일부와 석축기반을 남기고 2층 누각이 모두 소실 또는 붕괴되어 역사속으로 영원히 사라지게 된 것이다.
뒤늦게 정부는 이전보다 더 멋들어진 숭례문으로 복원하여 국민들에게 선보이겠다는데, 대한민국 국보1호를 이런 식으로 관리해온 주체는 과연 어떤 책임을 질 것인지 두고두고 지켜볼 일이다.

개미人
– 노무현 전 대통령은 적시적기適時適期에 잘 죽었다

수천만 마리 수억만 마리 떼를 지어 개미떼가 지나간다
　　　– 여봐라 게 물렀거라

지축을 뒤흔들며 천지를 진동하며 보무도 당당하게 개미떼가 지나간다
　　　– 백전무패 백전백승

수백만 수천만 처참한 살육을 자행하고 그 피 맛을 본 기고만장한 개미떼가 지나간다
　　　– 거치적거리는 놈은 무조건 처단하라

더 이상 두려울 게 없어 눈에 뵈는 게 없는 개미떼가 지나간다
　　　– 태산이 가로 막는 들 대해가 가로 막는 들 그까짓 것

그 누가 개미떼를 가로막을 것인가
그 누가 개미떼에게 대항할 것인가
오늘도 내일도 그리고 세상이 끝날 그날까지도
개미떼는 세상에 군림할 것이다.

2009/05/25/20:18

부자가 되는 방법

어떤 이는
한 푼도 안 쓰고 모아두면
부자가 된다했다

또 어떤 이는
열심히 일해서 벌면
부자가 된다했다

또 어떤 이는
머리를 잘 써서 한탕 크게 하면
부자가 된다했다

또 어떤 이는
남들이 모아둔 것을 슬쩍 가져오기만 해도
얼마든지 큰 부자가 된다했다.

※ 부자가 되는 방법도 여러 가지다.

2009/08/29/22:50

수박장수

수박이 왔습니다이……
설탕수박이 왔습니다이……
알딸~한 꿀수박이 있습니다이……
알딸~한 꿀수박 한 통에 오천 원입니다이……

포도가 왔습니다이……
설탕포도가 왔습니다이……
알딸~한 꿀포도가 있습니다이……
알딸~한 꿀포도 한 박스에 만 원입니다이…….

※ 그 흔하디흔하다는, 그 싸디싸다는 수박이나 포도마저
사먹지 못하는 가난뱅이 불출이 침만 흘려가며 듣던 CM송…….

2009/08/29/22:50

따이아몬드

경도硬度 십 따이아몬드
땅속 깊은 곳 칠흑 같은 킴벌라이트에서 생성된
네가 아무리 단단하기로 자연계에 최고라지만
여자의 끝없는 욕심엔 못 미칠 것이다

오십팔면체 따이아몬드
블루화이트 화이트 코머셜화이트 케이프 옐로브라운
네가 아무리 눈이 시리도록 휘황한 광채를 둘렀어도
여자의 허황한 허영심엔 못 미칠 것이다

3025캐럿605g 따이아몬드
서아프리카의 작은 나라 시에라리온의 비극을 딛고
네가 아무리 몸서리치리만큼 살벌한 가치를 지녔어도
여자의 잔혹한 이기심엔 못 미칠 것이다.

※ 시에라리온 반군은 정치혁명보다 다이아몬드에 욕심을 냈다. 영원한 아름다움의 상징 다이아몬드가 시에라리온의 운명을 재앙으로 몰고 간 피의 다이아몬드로 둔갑한 것이다. 다이아몬드를 탐내는 여성의 허영심이 존재함으로서…….

2009/10/12/21:50

돼지털문학상

나는 돼지털문학상
2천만 냥짜리 통가죽 차지하려
아이작가 사이트 쉴 새 없이 넘나든다
1만9천여 돼지꿈 꿔온 천진한 어린작가들
저마다 2천만 냥 눈독 들이고
밤잠 설쳐가며 글 알갱이 쏟아낸다

나는 돼지털문학상
30만 냥짜리 돼지털 한 올이라도 움켜쥘까하여
아이작가 사이트 마지막 순간까지 넘나든다
지루한 4개월 1백2십일 하루 남긴 급박한 카운트다운
서서히 닫혀지려는 굳건한 철문 사이에 두고
벌써부터 돼지꿈 해몽에 희비가 엇갈린다.

2009/10/14/13:53

개망나니

생긴 것은 자알 생겼다
적당한 키에 적당한 살집의 훤한 달덩이같이
생김새만으로도 내로라 한 자리 한 몫 할 것 같다
식당도 하고 서점도 하고 해서
돈도 제법 있단다 동네에선 유지란다
비슷한 도토리끼리 모여 친목계 아닌 다대경제발전협의회란
그럴듯한 단체명까지 내걸고 협의회장이란 직함까지 꿰찼
겠다
그야말로 제 눈에 뵈는 게 없다

거짓말을 밥 먹듯이 한다.
구두 약속이라고 손쉽게 뒤집는다 각서 따위도 저버리면 휴
지조각인 것을
말로써 한 약속쯤이야 하룻밤 지나고 나면 쉬 잊힐 것이라
여긴다
그러면서 얼굴 내밀기 좋아하고 뭔가 일 저지르기 좋아한다
하는 짓이나 성질이 못 되 처먹길
제 아무리 잘나가고 이 감투 저 직함 꿰어 찼어도
나는 그런 인간을 개망나니라 주저 않고 부르리
– 얘야, 개망나니야!

2009/10/14/13:53

구청장출마 예행연습

보소 보소 아지매
이번에 날 좀 찍어주소
뭐 맨입으로 찍어달란 소리 아니요
껌정고무신 한 켤레 사줄 테니 날 좀 찍어주소
껌정 고무신 몇 푼 안한다고요?
그럼 껌정장화 한 켤레 사주면 찍어줄라요?

이 보소 아자씨
이번엔 날 좀 꼭 찍어주소
뭐 공짜루다 한 표 달란 얘기 아니요
출출할낀데 막걸리 한 사발 할라요?
막걸리는 거저 줘도 싫다고요?
그럼 쐬주 어때요 쐬주 거하게 한잔 사면 찍어줄라요?

어이 아가씬지 아지맨지 모르것지만
이번엔 날 좀 꼭 찍어줘야해요
뭐 그렇다고 내 입 씻을 위인은 아니라요
스타킹 어때요 아님 야한 팬티라도 하나 사줄께요
아하, 그런 건 애인 사이에서나 주고받는 거라고요?
그럼 브래지어는 어때요 보아하니 사이즈가 제법 나가겠는데
요?

이봐요 총각
이번 투표권 가졌지요? 그렇담 나 좀 찍어줘요
내 섭섭지 않게 할테니 그 한 표 내게 달란 말이요
필요한 거 있음 말해봐요 너무 비싼 걸로 말고 싼 걸로요
싼 거는 싫고 비싼 걸루다 사달라 그런 말이요?
이봐요 나도 선거판에 끼어들려고 집 전세금 뺐어요 불쌍하지 않아요?

아이고 영감님
아직까지 신수가 훤하네요 장수하시겠네요 한 표 부탁해요
고이헌놈이라고요? 왜요? 아하 아직 오십대라고요?
근데 왜 파삭 삭으셨나요? 기분 나빠서 몬 찍어주신다고요?
이 담배 한 대 피워 무시고 마음 바꾸세요 이 담배 고급담배야요
치사하게 담배 한 개비가 뭐냐고요? 그럼 한 갑 드리면 찍어줄라요?

허이고 할망구님
꼬부랑 허리로 어딜 그리 급히 가셔요? 아직 노망든 건 아니겠죠?
아하, 정신은 아직 멀쩡하다고요? 그렇담 '기호4번 김영찬' 따라해봐요
아니 왜 골을 내요? 버르장머리 없긴 누가 버르장머리 없어요?
저 이래봬도 법 없이 살 사람이고 예의만큼은 깍듯해요
자 지팡이 이리 줘보셔요 업어드릴텐께 대신 김영찬이 꼭 찍어줘야해요?

2009/10/30/02:33

돈 자랑하고파

돈 자랑하고파 반상회 열나게 드나드는 아지매들
　　- 나 이번에 에쿠우스로 바꿨다
　　- 그래? 난 이번에 벤츠로 바꿨어
돈 자랑하고파 계모임 열나게 드나드는 아지매들
　　- 나 이번에 오십세평짜리로 옮겼다
　　- 그래? 난 이번에 팔십평짜리로 옮겼어
돈 자랑하고파 동창회 열나게 드나드는 아지매들
　　- 나 이번에 땅투기로 삼억 벌었다
　　- 그래? 난 이번에 로또복권 삼십이억 당첨됐어

※ 불쌍타! 돈 자랑 외엔 자랑거리가 없는 아지매들

2009/11/03/22:32

아주 심각한 것

한강 다리 난간에서 한 사내가 아주 심각한 표정을 짓곤 손가락으로 저 강 건너 뭔가를 가리킨 게야 그러자 지나가던 한 사내가 걸음을 멈추고 그 사내가 가리킨 쪽을 유심히 살펴보는 게야 그리고 잠시 후 그 사내는 비실비실 웃으면서 가던 길을 가는 게야 그렇지만 또 지나가던 사람이 그 비실비실 웃는 사내와 손가락으로 뭔가를 가리키는 사내를 번갈아 보고는 손가락이 가리키는 데를 또 유심히 살펴보는 게야 잠시 후 그 역시 배실배실 쪼개며 가던 길을 가는 게야 그렇게 오가던 사람들이 하나둘 모여들더니 강 건너 쪽을 살펴보고는 마찬가지로 비실비실 배실배실 쪼개며 흩어지는 게야 그렇게 모여들고 흩어지고 모여들고 흩어지길 손가락으로 뭔가를 가리키고 있던 사내가 떠날 때까지 계속 되풀이된 게야 사내가 손가락으로 가리킨 게 뭐냐고? 그냥 강 건너 쪽을 가리켰던 게야 그저 장난삼아…….

2009/11/07/00:46

우리 한국인은

우리 한국인은 착한 사람들이다
자신의 돈을 떼어먹은 사람에게 이렇게 축복한다
　　－ 잘 먹고 잘 살아라

우리 한국인은 심성 고운 사람들이다
자신을 죽일 듯이 뚜드려 팬 사람에게 이렇게 축복한다
　　－ 벽에 똥칠할 때까지 오래 살아라

우리 한국인은 인심이 후한 사람들이다
월담하여 목에 칼을 들이대고 강도짓 하는 사람에게 이렇게
축복한다
　　－ 원하는 건 다 가져가라 마누라까지도…….

2009/11/10/03:51

제4부

똥물에 튀겨죽일 놈

오, 지극히 겸손한 그대여

그렇게 많은 재산을 지녔으면서도
그대는 도무지 만족이라는 걸 모르는구려.
- 내가 지닌 재산이라 해봤자 빌게이츠의 100분지1도
  안 되는 걸요.
오, 과연 지극히 겸손한 그대여!

그렇게 대단한 권력을 지녔으면서도
그대는 도무지 만족이라는 걸 모르는구려.
- 내가 지닌 권력이라 해봤자 김정일의 100분지1도
  안 되는 걸요.
오, 과연 지극히 겸손한 그대여!

그렇게 대단한 명예를 지녔으면서도
그대는 도무지 만족이라는 걸 모르는구려.
- 내가 지닌 명예라 해봤자 그게 돈이 되겠소, 그렇다
  고 권력이라 하여 휘둘러댈 수 있겠소?
오, 과연 지극히 겸손한 그대여!

2009/11/10/03:51

세상의 돈이 모두 사라진다면

어느 날 갑자기
세상의 모든 돈이 사라진다면……
전자화폐든 유가증권이든 지폐나 동전마저 모두 사라진다
면……
모두들 좋다고 마구 날뛸까?
천만에…… 좋다고 마구 날뛸 사람은 단 한 사람도 없다
세상 사람들 모두가 자살할 것이다

재벌들도 자살할 것이고
부자들도 자살할 것이고
사업하는 사람들도 자살할 것이고
장사하는 사람들도 자살할 것이다
가정주부들도 자살할 것이고
하다못해 코찔찔이도 자살할 것이다
돈이 없으면 무슨 재미로 살겠냐면서…….

※ 어느 게으르고 우둔한 자가 이불속에서 상상하기를…….

2009/11/25/14:39

세종특별시

세종시는 특별한 놈들만을 위한 특별시다
그래서 특별한 놈들이 계획을 세웠고
특별한 놈들이 건설했다.
그런데
특별하지 않은 놈들이 몰려들었다
양아치들이 몰려들었고
사기꾼들이 몰려들었고
도둑놈들이 몰려들었다
그리고
그저 그런 사람들도 덩달아 몰려들었다
이유는
세종특별시에 살면 특별한 놈이 될 거란 소문이 떠돌았던 것
이다.

2009/11/26/21:23

친일인명사전親日人名辭典

한 늙은이가 핸드마이크를 부여잡고 종로거리에서 외쳐댔다

- 본인의 부친 박현돌은 일제에 빌붙어 호의호식해왔으며 일경 앞잽이 노릇도 했다아 그라고 열성적인 신사참배는 물론 그 누구보다도 창씨개명을 먼저했다아 뿐인가 나 박차만도 일본을 열나게 오가며 일본문화를 익혀왔고 일제 아니면 안쓴다아 우리집에 가면 일제 테레비에 일제 냉장고에 내가 타고 다니는 차도 일제다아 그리고 나는 독도를 일본에 넘겨주자는 주장도 하고 다닌다아 그런데 와 내 부친 이름 박현돌과 내 이름 박차만을 친일인명사전에서 뺐노말이다아 니네들도 사람 차별하는기가 그라면 몬쓴다아 푸딱 내 부친이름 박현돌과 내 이름 박차만을 친일인명사전에 넣으란 말이다아 그렇잖음 나 억울해서 이대론 눈을 몬 감는단 말이다아 빼달란 놈들은 빼주고 나같이 넣어달란 놈은 넣어주란 말이다아 그 정도 소원도 몬들어주냔 말이다아…….

2009/11/28/21:23

거짓말쟁이나라

거짓말쟁이들만 몰려 사는 나라
모든 이들이 하나같이 태연스레 늘어놓는 것이 거짓말이고
어느덧 거짓말이 일상용어로 통하는 나라
그래서 뜻있는 인사들이 모여 거짓말 사전을 편찬했다
　　- 밥 먹었다 ▷ 배고파 죽을 지경이다
　　- 불우이웃돕기 했다 ▷ 남의 물건을 훔쳤다
　　- 이건 사실이다 ▷ 아무리 거짓이라도 우겨대면 사실이 맞다

거짓말쟁이나라 사람들은 살맛을 잃었다
모든 이들의 생각은 똑같았다
　　- 나는 거짓말을 할 줄 모르는데 사람들은 왜 하나같이 거짓말을 늘어놓는지 모르겠다.

2009/12/04/22:16

욕심쟁이

내게는 값나가는 물건이 없다
내게는 돈도 없다
그런데
서랍이 154개가 있다
그리고
주머니가 426개가 있다
그것만으로도 제법 큰 부자가 된 기분이다.

2009/12/14/18:01

도둑놈 세상

꼭 값나가는 물건이나 돈을 훔쳐야만 도둑놈이 아니다
대가를 지불하지 않고 남의 시간을 빼앗는 놈도 도둑놈이고
주먹을 휘둘러 남을 다치게 하는 놈도 도둑놈이고
거짓말로 남의 마음을 상하게 하는 놈도 도둑놈이고
신용을 지키지 않아 남을 손해 입히는 놈도 도둑놈이다
그러고 보면
이놈 저놈 모두가 도둑놈들이라
이 세상엔 도둑이 아닌 놈을 찾기가 더 어렵다.

2009/12/21/21:18

자선냄비

광복동 번화가에 자리 잡은 구세군 자선냄비
딸랑딸랑 방울소리 오가는 이 자비심을 노리고
자선냄비 바로 코앞에 쪼그리고 앉은 걸인
자선냄비 속에 쌓여가는 현금을 노린다.

2009/12/24/19:35

지극히 멍청한 대답

세 끼 쫄쫄 굶어 하늘이 샛노랗게 보이면서도
'식사하셨어요'란 인사말에 '예, 식사했씸다'란 대답을 해야 하는
자식 대학 보낼 형편이 영 아니면서도
'자녀분 이번에 좋은 대학에 합격하셔야지요'란 인사말에 '예, 꼭 합격할겁니다'란 대답을 해야 하는
파산하여 금방이라도 길바닥으로 나앉을 판이면서도
'새해 복 많이 받으셨어요'란 인사말에 '예, 복 많이 받았씸다'란 대답을 해야 하는
젊은 놈한테 두드려 맞아 다 죽어가면서도
'몸은 건강하시지요'란 인사말에 '예, 아주 건강하답니다'란 대답을 해야 하는
노숙자가 되어 길거리를 전전하면서도
'하시는 사업은 잘 됩니까'란 인사말에 '예, 언제 날 받아 술 한 잔 대접할께요'란 대답을 해야 하는

2009/12/25/19:16

비루鄙陋한 인생

세상은 제가 뭐가 되겠다거나 뭘 하고 싶다하여 맘먹은 대로 되는 게 아니다 다 짜여진 각본대로 주어진 숙명대로 주어진 틀대로 만족하며 살아야한다
누구는 왕후장상王侯將相의 피를 물려받아 하는 일 없어도 부귀영화를 자연스레 누리게 되지만 누구는 비루하게 태어나 갖은 구박과 질시疾視를 받고 뭘 하나 하고자 해도 제 뜻대로 되는 게 하나도 없다
남들 눈엔 별 신통해 뵐 것도 없는 사내가 있다 생겨먹은 꼬락서니도 촌닭 같거니와 뭐 하나 제대로 할 줄 아는 것도 없다 배운 것이 없으니 생각의 영역도 좁고 그래서 불평불만이란 것이 겨우 남들은 좋은 음식 먹고 좋은 옷 입고 좋은 집에서 살고 좋은 차를 굴리며 사는데 나는 뭐냔 정도이다
그 사내가 허름한 단칸 셋방에서 지켜보는 이 없이 그 홀로 마지막 숨을 꼴딱거리며 죽어가고 있다 세상에 나와 세상 너른 줄 모르고 좁은 세상 안에서만 갇혀 살았으니 죽기 전의 소원이란 것도 그야말로 보잘 것 없다. 얼마 전 텔레비전에서 본 바대로
내 죽어 다시 태어난다면 부잣집 마나님 품에 안겨 호의호식好衣好食하는 고양이로 태어나리라.

2009/12/27/03:51

지독한 새끼들

돈을 주체 못할 정도로 그리 지독하게 많이 갖고 있으면서도
돈을 쓰기는커녕 빈대처럼 얻어먹고 다니는 새끼들
집을 수십 채 수백 채씩 그리 지독하게 많이 갖고 있으면서
도 텅텅 빈집을 수두룩하게 남겨놓은 새끼들
만물박사처럼 대가리에 든 게 그리 지독하게 많으면서도 뭘
하나 제대로 써먹지 못하는 무능한 새끼들
나는 새도 떨어뜨릴 만큼 힘과 권력을 그리 지독하게 많이
지녔으면서도 늘 약한 자만 골라가며 건드리는 새끼들
국민을 위한 국민에 의한 국민의 정치라고 지껄여대면서 그
리 지독하게 제 실속만 차리고 거짓말만 늘어놓는 새끼들
하나님을 믿으면 천국에 간다느니 부처님을 믿으면 극락에
간다느니 감언이설로 그리 지독하게 헌금을 뜯어내려는 새
끼들

아!
지독한 새끼들…….

2010/01/05/12:07

잘 먹고 잘 사는 놈

놈은 아침 느지막한 시각에 잠자리에서 일어나 대충 씻고 난 뒤 텔레비전뉴스를 보면서 신문을 뒤적이다 여편네가 차려 온 전복죽으로 입가심을 하면서 하루의 스케줄을 머릿속으로 그려본다
놈은 새로 드라이해온 양복을 입고 운전기사가 미리 대기해 놓은 벤츠로 놈이 운영하는 사업장에 들러 전날의 매입매출을 확인하고 책임자급 직원 몇 사람 불러 지시를 내린 다음 몇 가지 결재 서류에 사인을 한다
놈은 거래처 사장을 사우나로 불러내어 때밀이한테 몸을 맡기고 이발관에서 머리를 손질하는 동안 사업얘기를 하다 고급식당으로 옮겨 점심을 즐긴 다음 가까운 실내골프장에서 스윙으로 허리의 유연성을 다진다
놈은 다시 사업장에 들러 직원들의 표정을 살피고 불만스러운 부분을 지적한 뒤 돈줄을 쥐고 있는 높은 사람들을 아방궁으로 불러내어 저녁대접과 함께 갖은 향락으로 그들을 구워삶고 놈 자신도 더불어 즐긴다

그것도 일이라면 일일터, 아무리 흥청망청 돈을 써서 낭비해도 그 다음날 놈의 통장잔액은 쓴 돈에 비례하여 몇 곱절 더 불어나있게 마련이다.

2010/01/09/18:43

똥물에 튀겨죽일 놈

하는 짓이 너무 예쁜 사람을 똥물에 튀겨죽일 놈이라 했다
너무 예쁜 짓만 골라하는 사람도 똥물에 튀겨죽일 놈이라
했다

남 잘되는 거 그저 배 아파하는 놈
남의 이익을 슬그머니 가로채려는 놈
당장의 위기를 거짓말로서 벗어나려는 놈
제 잘난 맛에 남을 함부로 업신여기려드는 놈
얄팍한 지식 따위를 내세워 진실을 호도하려는 놈
남의 결함을 자꾸 들춰내어 그를 농으로 즐기려드는 놈
비굴하게 빌붙어 돈 몇 푼 뜯어내려는 간도 쓸개도 없는 놈
오호라, 그런 놈들을 일컬어 마냥 똥물에 튀겨죽일 놈이라 했다.

2010/01/17/02:37

공자孔子와의 선문선답禪問禪答

수신제가치국평천하修身齊家治國平天下라 하였나니……

– 자고로 영웅이란 제 앞가림도 제대로 못한다 하였다네

인생엔 유익한 벗이 셋 있고, 해로운 벗이 셋 있나니……

– 세상엔 온통 이용해 먹을 만 한 놈과 전혀 도움 안 되는 놈만 있네

옛것을 익히고 새것을 알아야 스승이 될 수 있나니……

– 남 등쳐먹는 기술 한 가지만 익혀도 세상이 모두 내 것이라네

아무리 바빠도 제 차례를 지켜야하나니……

– 새치기에 이골 난 백성들 저승길도 서로 새치기하려드네

콩 한 조각도 어려운 이웃과 나눠먹어야 하나니……

– 문둥이 콧구멍에 낀 마늘도 서로 빼가려는 놈들이 쌔빌렀네

2010/01/19/20:27

내 안의 고함

언제부턴지 내 안에서 고함이란 놈이 살아왔다
이 고함이란 놈이 어찌나 참을성이 없고 성깔마저 더럽던지
눈꼴 시린 것을 볼 때마다 참지 못하고 고함을 질러댔다

거짓말을 태연스레 주절대는 거짓말쟁이들을 볼 때마다
별로 가진 것도 없는 주제에 저보다 조금 없다하여 대놓고
깔보려드는
시건방진 푼수들을 볼 때마다
그 알량한 지위나 권세를 이용하여 호랑이 없는 골짜기에서
왕 노릇하려드는 토끼들을 볼 때마다
대가리에 든 것이라곤 쥐뿔도 없는 것이 뭐 아는 게 그리 많
다고
걸핏하면 나서려드는 가증스런 족속들을 볼 때마다
눈꼴 시린 놈들을 상대로 가리지 않고
고함이란 놈은 고함을 질러댔다

내 안의 고함이란 철딱서니 없는 놈 때문에
나는 여간 피곤하게 사는 게 아니다
걸핏하면 그들로부터 멱살을 잡히고
걸핏하면 그들로부터 뚜드려 맞기도 하지만
그보다 더 피곤한 것은

걸핏하면 그들로부터
내가 오히려 거짓말쟁이로
내가 오히려 시건방진 푼수로
내가 오히려 호랑이 없는 골 왕 노릇하려드는 토끼로
내가 오히려 가증스런 족속으로 취급당하는 것이다.

2010/01/19/18:56

나라의 주인은 따로 있다네

남한과북한의전쟁이일어났다 벌써그낌새를알아채고정보에파삭한놈들부터가족들과재산을안전한나라로도피시켰다 그리고국회의원들이며고위공직자들이마찬가지로줄을이어해외로도망쳤다 재벌들은이미식솔들과많은재산을빼돌린터라몸만빠져나갔다 전쟁이터지면서포화가퍼붓는가운데많은갑부들과졸부들도뒤를이었다 빠져나갈놈들은다빠져나갔고별볼일없는놈들만그저죽어라도망다니거나총을들고싸웠다

전쟁이끝났다 다시서열이짜였고복구가진행되는가운데땅이며건물이며시설이며차지하는놈이임자였다 진정국면을확인하고도망갔던놈들이다시돌아왔다 그동안애써짜였던서열도완전히무시되었고땅이며건물이며시설이며차지하고는복구에열올렸던놈들이제것이라믿고있었던것들을다시빼앗겼다 버려졌다여겨졌던감투나물건들이실제론버려진감투나물건들이아니라도망가면서남아있던놈들한테임시로맡겨뒀던것이다.

2010/01/20/19:35

모난 돌이 정 맞는다

인간이란 껍데기를 덮어쓰고는
다 제 기분대로 제 잘난 맛에 산다지만
세상이 마냥 호락호락하지 않다는 것을
여봐란듯이 잘나지 않은 이상
웬만큼 잘난 것은 되레 미움 받게 된다는 것을

모르면 아는 척 나서지 마라
못났으면 잘난 척 나서지 마라
없으면 있는 척 나서지 마라
괜히 아는 척 잘난 척 있는 척하면
아는 놈 잘난 놈 있는 놈이 할 말을 잃는다

무식한 아해야
못난 놈이 공연히 설쳐대면 매 맞는다
세상 사람을 상대로 사기 치지 않을 것이라면
못난 놈은 그저 잘난 놈 눈치 보며 살아야 하느니
무식한 아해야
바람 부는 대로 살려무나
물결 치는 대로 살려무나.

2010/01/26/19:22

개 새끼 다섯 마리와
인간 새끼 다섯 마리의 이야기

1

무인도에
갓 낳은 인간 새끼 다섯 마리와 개 새끼 다섯 마리가 버려졌습니다.

개 새끼는 1년 만에 성견이 되어
제대로 기어 다니지 못하는 인간 새끼 다섯 마리를 차례차례 잡아먹었습니다.
"아! 인간고기 맛, 먹어도 질리지 않데."
"정력에 그리 좋다며?"

2

무인도에
갓 낳은 인간 새끼 다섯 마리와 개 새끼 다섯 마리가 버려졌습니다.

개 새끼와 인간 새끼는 별 탈 없이 무럭무럭 자랐습니다.
어느 날부터 개 새끼나 인간 새끼나 서로 만나면 반갑다며 짖었습니다.

"멍멍"

"멍멍멍……."

3

무인도에
갓 낳은 인간 새끼 다섯 마리와 개 새끼 다섯 마리가 버려졌습니다.

개 새끼와 인간 새끼는 별 탈 없이 무럭무럭 자랐습니다.
그런데 개 새끼가 머리가 더 좋은데다 성장속도도 빨라서
성장이 느려터진 인간 새끼들을 다스리게 되었습니다.
개 새끼들은 무인도에서만큼은 인간 새끼들을 다스리는 만물의 영장 자리를 차지하게 되었고
인간 새끼들은 발달된 손가락으로 개 새끼 털 속의 진드기들을 잡으며 주인 비위를 맞추었답니다.

2010/08/21/05:36

베스트셀러 작가

그는 베스트셀러작가이다
67개 국어로 번역되어 4억 부 이상 팔린 조앤 롤링의 해리포터나
베스트셀러제조기 무라카미 하루키의 1Q84만 베스트셀러가 아니다
그의 책 하바마이의 아침 또한 100만 부 이상 팔린 대한민국 베스트셀러이다
그의 책은 한때 대교 영풍 교보 인터파크 옥션 YES24 11번가 G마켓 등
온오프라인을 불문하고 모든 서점가를 허리케인처럼 휩쓸었다

그는 예견된 베스트셀러작가이다
행정고시 합격하여 문화체육관광부 차관까지 지내다 정년퇴임한 그는
말년에 무료한 시간 때우기 위해 긁적거린 글 모 중견출판사로 가져갔겠다
이렇게 유익하고 고귀한 글 만백성에게 두루 알려야 한다는 편집장 말에
국회의원 출마위해 예치한 돈 박박 긁어내어 출판사에 던져줬고

그때부터 그의 책을 펴내고 거둬들이길 50만 부, 드디어 박이 터졌구나

그는 그래도 여전히 베스트셀러작가이다
그의 책 하바마이의 아침이 베스트셀러 조작설에 휘말리고
독자들 항의소리 빗발치며 모든 언론매체 그의 얼굴 씹는구나
남들은 국회의원 출마 직전 자서전출판기념회 줄줄이 성공하더니만
하필 그만이 큰돈 쓰고도 구설수 똥바가지 옴팡지게 덮어썼구나
그래도 가는 곳마다 그를 가리켜 하바마이의 아침을 쓴 베스트셀러작가란다.

※ 가짜가 많은 세상에서 베스트셀러도 조작된다.

2010/09/13/09:25

우리들은 레밍입니다

"대중들은 개, 돼지들입니다"

그 한 마디에 대한민국 국민들이 발칵 뒤집어졌다
"아니, 우리더러 개, 돼지라니?"

그럼 뭔가?
"우린 레밍이야!"

※ 개, 돼지가 레밍보다는 낫다.

2016/07/23

성공한 사람

모 유명 작가가 쓴
'우리 사회 성공한 사람들' 책자
100만 권 넘게 팔린 베스트셀러 됐다네

300여 쪽 두툼한 책자 속엔
가질 것 다 가진 대한민국 실세
100인 스토리 담겼는데
우리 사회 큰 귀감이었다네

어느덧
10년 세월 흘렀네

책자 속 성공한 100인,
그중 35인 이러저러한 이유들로 깜방에 들앉았거나 전과자 신세 되었고
그중 25인 그 많던 재산 다 털어먹고 쫄딱 망해 신불자 되었고
그중 15인 이런저런 병 앓다 땅속에 묻혔거나 몸져누운 신세 되었다네

또 10인은 한때 우리 사회 강타한 미투운동 땜에 얼굴 들 낯 없고
또 10인은 제 운 다했던지 소리소문 없이 사라져버렸고
.
.
.
.
.

나머지 5인만이 아직까지 만큼은 건재하다네.

※ 인간은 죽기 전까지 성공을 장담할 수 없다.

2018/05/17

만인보萬人譜

대한민국 시성詩聖 고은은
20년 넘게 써온 시로 만인보 30권 펴냈는데
시詩 4001수 수록한 시집이라네

이승만 김구 박정희 선조임금 비롯
역사적 인물부터 보통사람 이르기까지
다양한 사람들 시로 버무렸는데
등장인물만 무려 5600명 이른다네

옛사람들 어찌 표현한들 누가 뭐라 할 리 없고
살아있는 인물 어찌 표현한들 성에 찰 리 만무萬無하네
일리아드Iliad 같은 대서사시로 영웅기상 드높이지 못 할 바엔
잔혹무도殘酷無道한 간웅奸雄 죄과罪過 묻지 못 할 바엔
그 뉘라서 만인의 품성品性을 꼬치꼬치 논할 수 있으리오.

※ 아무리 시적 표현이라지만 한 인물이 지닌 품성, 더하여 그의 깊은 내면세계까지 간략한 문자로써 평한다는 것은 그 글의 진실성에 의문이 갈 수밖에 없다.

2018/05/22

괴물 & 흉물

yM이 En을 빗댄 시詩 괴물을 발표하자
더러운 세상 발칵 뒤집어지고 너도나도MeToo에 탄력 붙었다
잘나 빠진 세상 향해 똥물이나 쏟는 괴물로 변태變態된 그는
기고만장한 페미니즘Feminism 독침에 더욱 가공할 음탕괴물
이 되었고
미친 세상 탕남탕녀들 음탕괴물 사냥에 신바람 나셨네
음탕괴물 단말마斷末摩조차 내지르지 못하고
그들 가위질에 사지는 물론 그 잘난 수도꼭지까지 잘렸으
니...
음탕괴물아,
“너 있잖니, 3억 들인 집필서재 만인의방도 철거되었고”
“너 있잖니, 20억짜리 문화향수의집에서도 쫓겨나는 신세 되
었잖니”
그뿐이랴!
“너 있잖니, 그토록 목메던 노털 메달마저 저 멀리 두둥실 떠
나보냈구나”

몇몇 독한 암컷 눈엔
암컷만 보면 군침 흘리고 틈만 나면 올라타려는 세상 모든
수컷이
수상쩍은 괴물일수밖에

En 또한 수컷이잖니
제 딴엔 엄청 꺼떡대는 En이 수컷이라면 무턱대고 설레발치던 yM 눈엔 더더욱 괴물일 수밖에
"아니 이 분이 뉘신 줄 알고 그 음탕한 촉수를 들이대시나"
"아니 누구더러 빨라며 그 냄새나는 수도꼭지를 들이내시나"
괴물은 더한 괴물만이 잡을 수 있다
미친 문단의 제왕 En을 단숨에 제압한 yM은 En을 능가하는 더한 괴물, 아니 흉물이다
아무렇게나 싸질러놓은 첫 시집 똥덩어리가 대박 났다고 세상까지 우습다 여기는 yM은
똥덩어리를 양산하는 똥덩어리 흉물이다
시인이 무슨 감투냐, 수영장 딸린 특실을 공짜로 제공하라니
En이 무슨 적폐積弊냐, 동물의왕국 적폐들은 다 어쩌라고

오호통재嗚呼痛哉라!
세상의 모든 수컷들아
세상의 모든 괴물들아
세상의 모든 적폐들아
이런 오염된 세상에 살고 싶지 않은
세상의 모든 품격 높은 암컷들은
지구를 떠나야 하나

※ 왜 일부 암컷들은 자신들의 본능만 정당화하려하고,
수컷의 본능은 적폐로 몰려하는가.
(註 : 누군가의 시 몇 구절 표절했습니다)

2018/05/22

적폐積弊

이 동무, 반동분자反動分子라요
한때는 이 한 마디에 고꾸라지지 않을 사람 없었다

이 친구, 빨갱이야
한때는 이 한 마디 때문에 고꾸라지지 않을 사람 없었다

이 사람, 적폡니다
지금은 이 한 마디로 말미암아 고꾸라지지 않을 사람 없다

※ 단지 몇몇이 한 사람을 적폐로 몰아붙이면
그 사람 인생은 그것으로 끝이다.

2019/11/14

미투MeToo

나도 당했어요
지도 당했구만요
내도 당했지라
저도 당했습니다
나도 당했당게요

조선팔도 방방곡곡에서
뭇 여성들이 미투에 나섰다
조선팔도 방방곡곡의
뭇 남성들은 숨을 죽였다.

※ 한때 우리 사회에 거세게 몰아치던 미투열풍. 당시 대한민국 300인의 선량 가운데 최소 200인 이상은 성희롱이나 성폭력 등으로 잡혀들어 갈 줄 알았다.

2019/11/14

Memorandum

Memorandum

Memorandum

Memorandum

Memorandum

釜山文學의 역할과 부가사업들

등단문 역할

우리 한국 문단은 전문 작가가 되기 위해 반드시 거쳐야 하는 관문이 있다. 바로 등단이란 관문이다. 등단은 적격을 갖춘 신문이나 잡지 등에 작품을 발표하거나, 문학상을 수상하거나, 또는 자신의 작품을 출판해서 문학계에 이름을 올리는 것을 말한다.

〈釜山文學〉은 '신인문학상'이란 등단 제도를 마련하여 시(詩), 시조, 수필, 소설, 아동문학, 문학평론, 희곡 등 모든 문학 장르에 걸쳐 재능 있는 예비작가를 발굴, 형식을 갖춰 전문작가로 추천하고 있다.

각종 문학상 시상

〈釜山文學〉은 '釜山文學賞', '소설문학상', '사이버문학상' 등의 각종 시상 제도를 마련하여 기성 작가들의 창작 의욕을 고취시키고, 더나아가 한국 문단의 위상을 높여 '노벨문학상' 등 세계적으로 권위 있는 상을 수상할 수 있는 기회를 높이는데 한 몫을 할 것이다.

장학사업

〈釜山文學〉은 문학에 재능 있는 중·고등학교 및 대학교 학생들을 엄선하여 소정의 문학 장학금을 지급함으로써 예비작가로서의 자긍심을 한껏 고취시키고, 더나아가 작가로서의 능력을 배양함은 물론 한국의 문학 토양을 더욱 기름지게 하는 역할을 하고자 한다.

생활고를 겪는 문인돕기

글을 써서 얼마든 벌이로 삼으려는 작가들 사이에는 '아무리 글 재주가 좋은 들 실제 호구지책으로 삼기엔 별 도움이 되지 않더라'란 자조가 만연해 있다. 그만큼 한국의 문학풍토는 극소수의 유명 작가들만이 글로써 부귀영화를 누릴 뿐, 대다수의 작가들은 본업을 따로 갖고 있지 않으면 궁핍한 생활을 면치 못하고 있다.

〈釜山文學〉은 한국 문학에 기여한 바가 적지 않음에도 불구하고 말년에 가난에 허덕이는 문인들을 경제적으로 돕거나 재활의 기회를 마련해 주고자 한다.

번역출판사업

한국 작가들의 문학 작품들 가운데엔 전 세계 어디에 내놔도 손색 없는 작품들이 많다. 그러나 번역에 소홀하여 세계 시장에서 인정 받지 못하고 있는 실정이다. 번역 또한 제2의 창작이라 일컫는 만큼 번역의 중요성을 도외시 해서는 안된다. 〈釜山文學〉은 유능한 작가들의 작품을 영어, 불어, 독일어, 일본어 등 다수의 외국어로 번역, 출판하고 현지에서 적극 홍보함으로써 해외 시장에 널리 알리는 역할을 할 것이다.

염가출판사업

아무리 훌륭한 작품이라도 설합 속(자신의 컴퓨터 내장하드)에만 보관되어 있으면 작품으로서의 가치를 인정 받기 어렵다. 〈釜山文學〉은 가난한 작가들의 경우, 주머니 사정을 고려하여 염가로 출판을 해 줄 계획이다.

48729 / 부산광역시 동구 중앙대로 308번길 7-3 / 부산인쇄조합 3층, 주식회사 한국인
전화: 051)441-3515, 929-7131 / 팩스: 051)441-2493, 917-7131 / 휴대폰: 010-3593-7131

은유시인 김영찬(金永燦) 풍자시집 [제1집]

뒤로 자빠져도 코가 깨진다더니 잴 수 없는 놈

초판인쇄 2019년 11월 11일

지은이 김영찬(金永燦)
주소 48729 / 부산광역시 동구 중앙대로 308번길 7-3 / 부산인쇄조합3층
휴대폰 010-3593-7131
이메일 sahachanchan@hanmail.net

발행인 김영찬(金永燦)
편집인 김종화(金鍾和)
디자인 월간 「부산문학」 디자인팀 / 《데코·브레인》

기획·발행처 도서출판 「한국인(제2014-000004호)」
출판·인쇄처 도서출판 「부산문학(제2019-000001호)」
주소 부산광역시 동구 중앙대로 308번길 7-3 《주식회사 한국인》
전화 (051)929-7131, 441-3515
팩스 (051)917-7131, 441-2493
홈페이지 http://www.mkorean.com · http://www.busanmunhak.com
이메일 sahachanchan@hanmail.net · sahachan@naver.com
가격 12,000원(E-Book 6,000원)
ISBN 978-89-94001-37-1 (04810)
CIP 2019042715
이 도서의 국립중앙도서관 출판예정도서목록(CIP)은
서지정보유통지원시스템 홈페이지(http://seoji.nl.go.kr)와
국가자료공동목록시스템(http://www.nl.go.kr/kolisnet)에서
이용하실 수 있습니다.